SUN TZU
A ARTE DA GUERRA
孫子兵法

Copyright © 2025 Pandorga

All rights reserved.
Todos os direitos reservados.
Editora Pandorga
2ª Edição | Junho de 2025

Título original: 孫子兵法
Autor: Sun Tzu

Diretora Editorial
Silvia Vasconcelos

Coordenador Editorial
Michael Sanches

Projeto Gráfico
Rodolfo Pomini

Capa
Lumiar Design

Diagramação
Rodolfo Pomini

Tradução
Lionel Giles
Neury Lima

Preparação e cotejo
Michael Sanches
Vanessa Schreiner

PandorgA

**Dados Internacionais de Catalogação na Publicação (CIP)
de acordo com ISBD**

S957a   Sun Tzu

　　　　　A arte da guerra / Sun Tzu ; traduzido por Lionel Giles, Neury Lima. - 2. ed. - Cotia : Pandorga, 2025.
　　　　　128 p. : il. ; 14cm x 21cm.

　　　　　Tradução de: 孫子兵法
　　　　　Inclui índice.
　　　　　ISBN: 978-65-5579-152-5

　　　　　1. Ciência Militar. 2. Estratégia. 3. Guerra. I. Giles, Lionel. II. Lima, Neury. III. Título.

　　　　　　　　　　　　　　　　　　　　　　　CDD 355.021
2022-524　　　　　　　　　　　　　　　　　　CDU 355.01

Elaborado por Odilio Hilario Moreira Junior - CRB-8/9949

Índice para catálogo sistemático:
　1. Ciência Militar 355.021
　2. Ciência Militar 355.01

SUMÁRIO

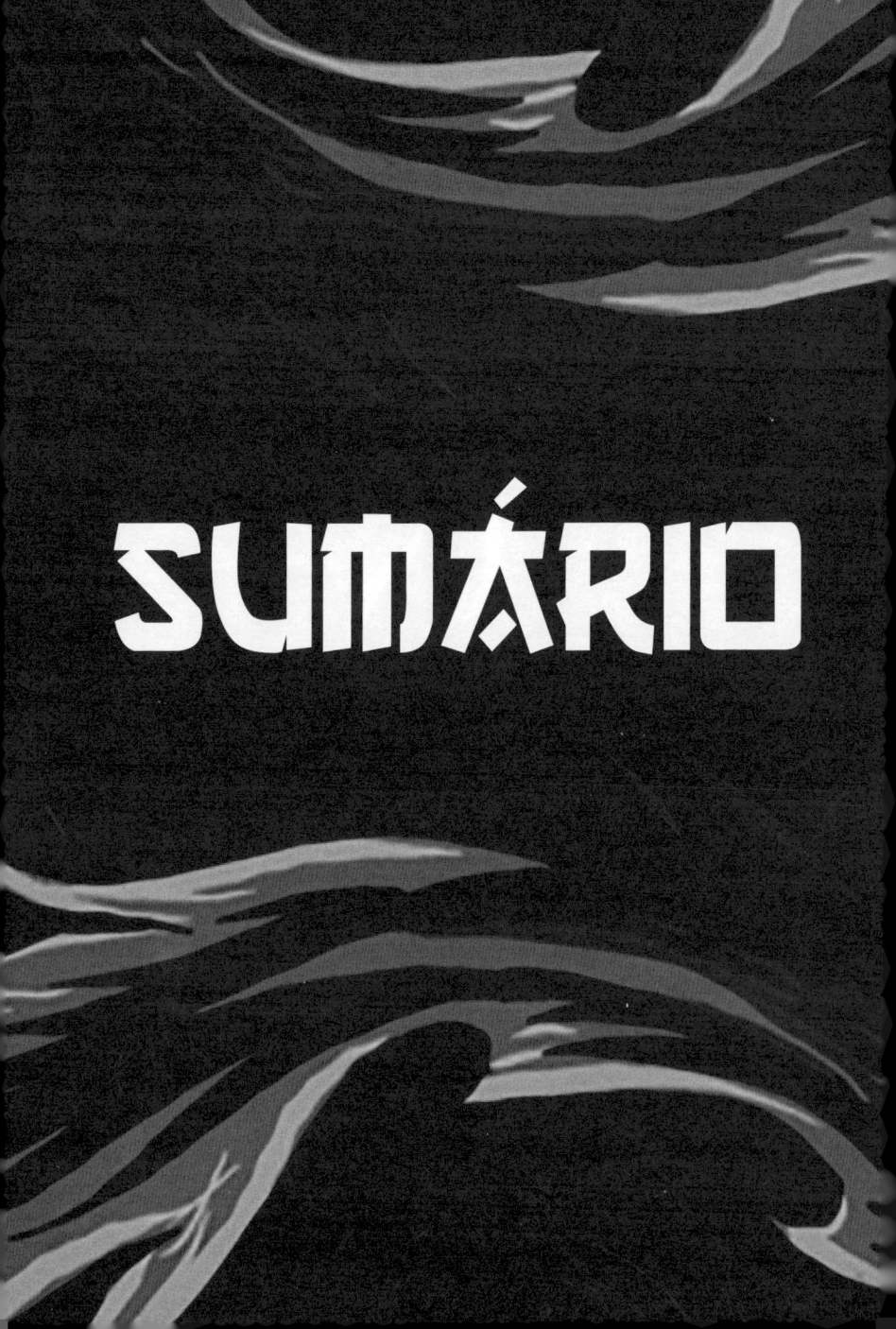

	Apresentação	9
	Contexto histórico	15
I	Estabelecendo planos	27
II	Em combate	33
III	Ataque por estratagema	39
IV	Disposições táticas	45
V	Energia	51
VI	Pontos fortes e fracos	57
VII	Manobras	65
VIII	Variações das táticas	71
IX	O exército em marcha	75
X	Terreno	83
XI	As nove situações	91
XII	O ataque com fogo	103
XIII	O uso de espiões	109

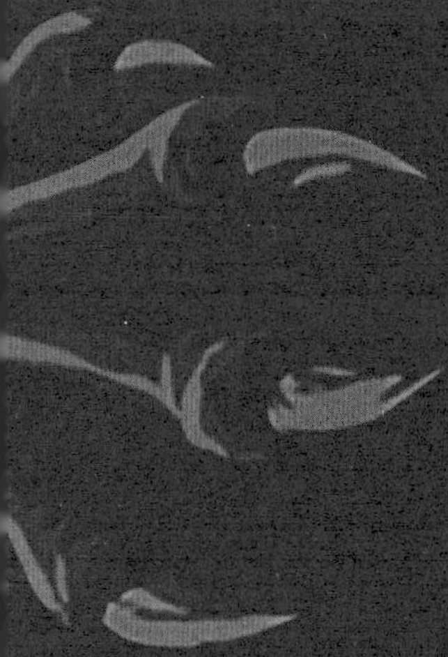

APRESENTAÇÃO

"Arte da Guerra", ou *Sunzi Bing Fa* (孫子兵法), constitui um dos primeiros tratados sobre estratégia e guerra na história. Escrito por um brilhante estrategista militar chinês, Sun Tzu (ou Sun Zi, 孙子, "Mestre Tzu ou Zi"), essa obra apresenta valiosos conselhos de manobras e táticas, assim como a crucialidade da coleta de informações acerca do inimigo, sua localização e terreno da batalha.

A maioria dos estudiosos situam a escrita da obra entre os anos de 475 e 221 AEC, durante o chamado Período dos Reinos Combatentes na China. Pouco também se sabe sobre a vida do autor, Sun Tzu, mas acredita-se que era um general experiente a serviço de um dos reinos chineses, o Estado de Wu.

Uma das premissas da obra é que os conflitos bélicos devem ser evitados ao máximo, e ter como objetivo a diplomacia e negociação. Se não puder ser evitado, os combates devem ser associados a planos estratégicos e estudos psicológicos do adversário, a fim de se evitar os danos e desperdício de recursos. O confronto físico, em si, deve ser apenas o último recurso, e sempre se admitindo a possibilidade de derrota. Sun Tzu lidava com os adversários com uma combinação de recursos pacíficos e agressões de vários teores, a refletir os princípios taoístas do "yin" e "yang", forças opostas complementares. E que todos devessem seguir o "tao", o caminho ou ordem natural do universo, como componente principal de uma liderança bem-sucedida.

A "Arte da Guerra" apresenta muitas estratégias e conselhos. Enfatiza, acima de tudo, a preparação para o embate, incluindo o planejamento em torno do clima e terreno da batalha; dos movimentos e fraquezas do adversário; e do crucial treinamento físico e preparação psicológica dos soldados. Ao mesmo tempo, recomenda-se ser flexível, pois o campo de batalha sempre apresenta imprevisibilidades, como o tempo meteorológico e fenômenos naturais. O manual desencoraja os líderes a entrar em guerras de sítio, de cerco, pois isso prolongaria os conflitos e gastos de recursos, e orienta tratar os soldados derrotados com respeito. Vemos expressados aqui, em suma, o pináculo dos ideais chineses, duramente realista e conjugados com os ideais do equilíbrio e da dignidade humana.

A obra permaneceu relevante por séculos, pois tratou de estratégias e táticas, da natureza humana e dos conflitos, das adversidades e do improviso, e fui muito além da tecnologia bélica específica de cada momento histórico. Influenciou líderes em todo o mundo, muito além dos círculos militares, incluindo a área de negócios e política.

A obra atribuída a Sun Tzu é composta por treze capítulos, tal como foi transmitida através dos tempos até a contemporaneidade, cada um a focar determinado tópico. A "Arte da Guerra" apresenta-se notavelmente lúcida, compacta e sintética de princípios gerais que, indo muito além do campo militar, lhe permitiu projetar-se como atemporal entre vários leitores pelo mundo.

Inicialmente, a "Arte da Guerra" afirma que o Estado, entidade política organizada e soberana, tal como os reinos chineses combatentes do Período da Primavera e Outono, deveria antes de tudo buscar manter sua própria existência. Isso foi decorrente da conjuntura fragmentada da China da época, em que os meios militares utilizados poderiam ameaçar reinos não tão bem consolidados. Somente através da disciplina, lealdade e virtudes de seus líderes e população, um reino, ou Estado, poderia almejar tal objetivo. Por isso, Mestre Tzu depois afirma categoricamente que a guerra e os conflitos de caráter belicoso, devem ser evitados ao máximo, pois poderiam, assim, colocar em risco a sobrevivência do reino e da população. Somente em caso de extrema gravidade essa decisão poderia ser revista. Ou como o próprio autor expressa nas linhas iniciais: a guerra é o assunto mais crucial do Estado, sua vida e morte, e isso deve ser sempre ponderado e analisado.

Essas linhas demonstram uma visão veterana e realista do poder político e militar. Apontam para um aprendizado através da queda e destruição de vários reinos e povos, no qual regentes e líderes prematuramente lançaram campanhas em situações e terrenos inadequados, jogando a vida de incontáveis em um destino incerto e cruel. A obra sabe do peso das responsabilidades dos comandantes e líderes sobre os soldados e povos em questão. A pressão e o temor de serem considerados fracos e covardes, assim como o sentimento de raiva e ódio, jamais devem ter influência nas decisões de Estado.

Em outro capítulo, Sun afirma da importância de se evitar conflitos prolongados, como cercos a cidades e fortalezas, pois isso poderia esgotar a moral — a força vital, "qi" (氣) — e disposição dos soldados, além de gerar consequências nefastas para a economia. Muitos comandantes chineses na posteridade pareceram ter incorporado esse fundamento, evitando o prolongado desgaste e apostando em abordagens rápidas e determinadas, sempre aliadas aos canais de negociação e barganhas políticas. Aqui, novamente, há uma inclinação a considerar o bem-estar da vida dos soldados e da população envolvidos, além dos campos e colheitas, considerados como essenciais para um reino forte e organizado. Sun Tzu, no seu texto, quando aborda questões ao rei de Wu, considera inclusive que o Estado que menos taxa sua população — e assim estimula o trabalho e ganho de todos — deverá ter mais chances de sobrevivência do que reinos grandes com abusiva arrecadação como o de Jin. Os impostos devem servir primordialmente para fortalecer o Estado e torná-lo forte.

Em outros capítulos, Sun Tzu passa a analisar cuidadosamente o planejamento e formulação estratégica antes de se iniciar campanhas militares. Em consonância com sua ênfase na racionalidade e autocontrole, Sun salienta a necessidade de uma extensa e exaustiva análise dos recursos, condições e capacidades. Ou como foi expresso em uma de suas mais célebres frases: aquele que conhece o inimigo e a si mesmo não colocará em risco as abordagens.

Além disso, Mestre Tzu valorizava a coleta de informações e inteligência de seus agentes acerca do inimigo, das suas colheitas, estradas, pontes, usinas e indústrias. Diplomatas — e espiões — teriam a função essencial de providenciar informações acerca das lideranças e da corte do reino rival. Ou como ficou evidenciado em uma de suas linhas, o sucesso de grandes governantes pode ser atribuído ao avanço do conhecimento. A guerra é, antes de tudo, um embate de inteligência e conhecimento. Aquele que desconhece o inimigo, o terreno e não consegue formar alianças confiáveis fica impossibilitado de ter uma boa campanha no campo de batalha.

No geral, Sun Tzu na "Arte da Guerra" considera que a guerra deve ser considerada como transcendental apenas aos empregos táticos dos conflitos e uso da tecnologia bélica. É expressão do poder em sua forma mais extremada, e, por isso, deve ser evitada ao máximo. Deve-se vencer o inimigo rapidamente e, se possível, alcançar a vitória sem se engajar em combates e usando meios não convencionais como a diplomacia, a espionagem, ameaças, sabotagens e intrigas. Se tal ideal fosse alcançado, a preservação dos povos, das colheitas, das cidades, dos mercados e da economia seria mantida para a manutenção do Estado.

A "Arte da Guerra", em suma, busca analisar os conflitos em todos os seus níveis e formas, muito além do interestatal. Objetiva a vitória — sem batalha se possível — e usar todos os meios para tal. A guerra aqui é quase uma metáfora para se pensar nos conflitos da natureza humana, e daí reside a força universal e atemporal dessa obra.

Uma das metáforas mais centrais da obra de Sun Tzu expressa a força como a água, que não tem forma constante, e sempre obtém a vitória mudando e se adaptando de acordo com a situação, essa imagem expressa um grau de genialidade realmente excepcional.

CONTEXTO HISTÓRICO

Na China, por volta de 1046 AEC houve a ascensão da lendária e influente dinastia de Zhou (ou Chou) (c. 1046 – 256 AEC) nas ditas "Planícies Centrais" (zhongyuan), no curso médio do Rio Amarelo, depois de terem derrotado um decadente soberano da dinastia Shang na Batalha de Muye. Conta-nos as lendas chinesas que os regentes de Zhou apresentaram-se como benevolentes e virtuosos, alinhados com a ordem cósmica e dignos de serem considerados "filhos do céu" (tian zi, 天子).

No entanto, na dura realidade política de uma hegemonia a se estabelecer, muitas foram as contestações pelo poder. Havia grandes pressões de nações nômades ao norte e oeste. E necessidade de se buscar aliados confiáveis no sul e sudeste. Nesse intento, os primeiros soberanos da dinastia Zhou empreenderam campanhas militares ao sul, nem sempre bem-sucedidas como a que resultou na trágica morte do rei Zhao (ou Chao) em 957

AEC, ao atravessar o rio Han, talvez pelas mãos de inimigos de um reino chamado de Chu. Ficavam evidentes os limites da expansão do reino de Zhou para outras regiões chinesas.

Mas houve migrações ao longo dos séculos de camponeses e depois funcionários letrados e comandantes para as regiões mais ao sul da China, advindos do Rio Amarelo, durante a dinastia Zhou. Esses levaram sua cultura, costumes e ritos, e assim parece que a cultura deles se miscigenou e se estabeleceu em regiões meridionais, ao longo da bacia do rio Yangzi. Muitos líderes locais, por cálculos políticos, desejando maior poder e influência, passaram a se aliar a líderes do norte da China, selando casamentos e alianças. Assim, com o tempo, famílias meridionais influentes passaram a se considerar como descendentes da família real de Zhou.

O período conhecido como o da Primavera e Outono (722 a 481 AEC) apresentou um cenário efervescente na China, de muitas lutas e fragmentação, de crises e de instabilidades de muitos reinos que competiam pela hegemonia, além da presença de intrigas, assassinatos e do surgimento de indivíduos notáveis. Houve ascensão de grandes famílias e aliados contra o que restava do poderio da frágil dinastia Zhou, resultando em sete grandes reinos, cada qual reivindicando ser digno de ser o sucessor dinástico mais importante na China. Cada reino, nos diz a tradição, era capaz de colocar em campo mais de dez mil carruagens. No início do século VI AEC, o reino de Qin (ou Chin) alegava que poderia mobilizar cerca de 75 mil homens, e muitos desses com aliados cruciais das regiões ocidentais da China.

Embora fragmentado entre cinco ou seis reinos combatentes, todos compartilhavam um senso de identidade (huáxià, 華夏), que distinguia esses de nações vizinhas, consideradas não civilizadas, ou "bárbaras" (yí, 夷). No sul, houve notável fortalecimento de reinos como os de Chu, que serviu de reflexões para Sun Tzu, de Wu, terra natal de Sun Tzu, e o arqui-inimigo de Wu, o reino de Yue. E ainda havia o temido soberano de Jin, mais ao norte, onde antes floresceu a venerável dinastia Zhou.

O sul da China era diferente em termos climáticos e topográficos. Seu clima era mais úmido e quente, com abundantes recursos aquáticos, como extensos rios e lagos, além de montanhas e densas florestas. Um bastião natural para carruagens frequentemente usadas nas planícies do norte. Havia a importância de se ter forças navais nas regiões meridionais, a explorar as possiblidades de grandes rios como o Yangzi, Han e Huai, além dos incontáveis lagos e pântanos.

O reino de Wu reivindicou suas raízes e uma antiguidade até mesmo anterior àquela de Zhou, pois seus soberanos afirmavam que eram descendentes de um dos ancestrais de Zhou. Por se localizar na magnífica foz do Yangzi, atual estado de Zhejiang, Wu não tinha grandes montanhas, e quase 15% de sua área era de terras aluviais e inundáveis, de rios, pântanos e lagos. Essa realidade provavelmente estimulou Sun Tzu a priorizar o terreno como princípio tático.

Antes de Sun Tzu assumir seu papel consultivo, os reinos de Wu e Chu já tinham se enfrentado por mais de cinquenta anos. Chu, inicialmente, foi vitorioso, mas passou a adotar uma posição cada vez mais defensiva com a construção de fortificações e cidades muradas, ao passo que Wu empreendeu manobras cada vez mais ofensivas. Por volta de 538 AEC, Wu tirou proveito da dura repressão que o reino de

Chu empreendeu contra minorias em seu próprio território, possibilidade que os líderes de Wu souberam aproveitar para angariar aliados, inteligência e apoio local. Explorando o senso de identidade em comum, Wu consolidou uma política mais ampla e inclusiva do que Chu, e isso está evidente nas doutrinas de Sun Tzu.

Por ter sido um reino relativamente recente em relação às outras hegemonias chinesas, Wu ainda construía sua própria identidade, e seus líderes eram jovens e determinados, afastados das extravagâncias e do luxo que acometeu gerações posteriores de dinastias consolidadas. Os soberanos de Wu fomentaram políticas para aumentar a produtividade e bem-estar da população em geral e, em consequência disso, suas tropas militares mostraram-se corajosos e enérgicos em campo de batalha, resilientes nas adversidades e focados nos objetivos. A liderança de Wu mostrou-se em geral mais unificada e coesa do que os outros reinos, rendendo obediência e ausência de divisões e contestações pelo poder.

Ademais, por ser um reino menor do que Chu, Wu teve que aprender a improvisar e flexibilizar suas táticas e estratégias de acordo com as condições, e a evitar confrontos frontais com o numeroso exército de Chu. Essa abordagem reflete-se na atitude de Sun Tzu sobre a crucialidade das manobras e rapidez de mudança de movimentação e também no princípio do uso das intrigas, sabotagens, espionagens a fim de frustrar os planos do rival. Um dos princípios cardeais da "Arte da Guerra".

Wu, como Chu, havia erguido formidáveis estruturas de defesa, pois sabiam que o rival poderia atacar em um momento propício. Mas o reino de Sun Tzu consolidou-se de tal forma — e talvez isso tenha sido essa a sua maior defesa — que os seus rivais dificilmente poderiam explorar as divisões e deslealdades de seus líderes e população. Assim, Sun Tzu passou a enfatizar como o ápice da excelência a importância de se lutar fora do campo de batalha e a subjugar o inimigo sem embates físicos.

À época do governo do príncipe Guang, depois coroado como rei Helü (r.[1] 514 – 496 AEC), a capital do reino de Wu mudou-se para próximo da atual cidade de Suzhou, cerca de 100 km a oeste de Xangai. A nova capital havia sido erguida com extensas fortificações, com muralhas internas a medir 30 km e externas a quase 50 km de extensão. Construída às margens do Lago Taihu, no delta do Yangzi, a cidade ligava-se com uma extensa rede de canais navegáveis, voltando-se para o transporte aquaviário de alimentos e materiais, com a facilidade de movimentação de tropas para as regiões ao norte através de canais projetados.

No terceiro ano de Helü, o reino de Wu lançou uma série de ofensivas contra Chu, sempre vitoriosas. À medida que avançava, incorporava novos territórios e populações. Ao mesmo tempo, Wu procurou aliar-se a outros reinos menores, evitando uma articulação organizada adversária. Ou seja, a atividade bélica era indissociável da política e da diplomacia.

Eventualmente, o reino de Wu enfrentou o reino de Yue em momento derradeiro em 510 AEC. No ano seguinte, sentindo as oportunidades históricas, os militares de Chu atacaram Wu para serem significativamente derrotados em várias frentes. Isso foi mais resultado de décadas do governo

---

1 Abreviatura para reinou. (N. E.)

de Helü sob conselhos de estrategistas como Sun Tzu, adotando uma política de contemporizar a fim de provocar uma reação prematura de Chu. Quando em campo, as forças de Wu foram organizadas em três partes, a fim de não assustar nem revelar demasiadamente o plano estratégico. Pequenos destacamentos eram essenciais para maior mobilidade a fim de confundir e provocar a reação do inimigo. Em suma, as primeiras mobilizações do reino de Wu objetivaram a confusão através de saques e escaramuças, permitindo com que fossem reunidas informações valiosas acerca do inimigo.

Em momento decisivo, em 506 AEC, Helü com a ajuda de Wu Zixu e Sun Tzu, enfim lançou grandes ofensivas contra o reino de Chu, vencendo em cinco batalhas, dentre elas a Batalha de Boju, e conquistaram a capital Ying. De acordo com as tradições históricas, durante o saque da capital, Helü tentou agredir sexualmente a rainha viúva, que apresentou notável resistência com uma faca. A estratégia de ataque decisivo em momento oportuno revela muito do pensamento de Sun Tzu, que enfatiza segmentar e depois combinar as forças no momento certo, comparando a velocidade das tropas e forças a movimentar-se como discretas igual à floresta e rápidas igual ao vento.

A brilhante campanha contra Chu em 506 AEC revelou toda a genialidade de Sun Tzu, bem como de outros líderes e do próprio soberano de Wu. O extenso reino de Chu sofreu pelo seu tamanho e lentidão excessiva, seu exército numeroso, pesado e imóvel, diante da lepidez das forças de Wu. Chu, depois da derrota, passou a colher décadas de fragmentação e desavenças entre seus líderes e aliados, abrindo possibilidade para o fortalecimento do reino de Wu.

SUN TZU

São nesses eventos históricos que sabemos da vida e pensamento de Sun Tzu, que depois foram compilados e narrados na grande obra histórica chinesa, o *Shiji*, de Sima Qian, escrita entre 109 e 91 AEC, e com mais detalhes na outra monumental obra sobre o Período da Primavera e Outono, o *Chunqiu*.

De acordo com essas duas obras, o rei de Wu, Helü e seus líderes militares procuraram esgotar as forças de Chu ao máximo, e isso foi de acordo com conselhos de Sun Tzu e Po Pi. No *Chunqi*, narra-se a profunda reflexão do soberano de Wu, dividido entre os conselhos conflitantes que recebia no momento exato das ofensivas, além de ter conquistado o respeito do soberano de Wu quando lhe ensinava sobre comando, lealdade, disciplina, soldados e líderes rebeldes. Na obra *Shiji*, resume-se sucintamente as realizações de Sun Tzu, quando o rei de Wu derrotou o poderoso reino de Chu e avançou sobre a capital Ying. Isso repercutiu na movimentação diplomática entre Chu e o reino de Jin ao norte, quando o nome de Sun Tzu passou a ser debatido entre os líderes locais.

Se considerarmos essas narrativas históricas, vemos como Sun Tzu teve papel de comando e influência considerável nos eventos da época, com um legado sobre a organização e administração do reino de Wu. Vemos na "Arte da Guerra" a importância enfatizada disso antes mesmo de se entrar em campo bélico, e da ênfase de unidades pequenas, segmentadas e articuladas para máxima manobra e mobilidade. Isso se revelou eficaz no uso da infantaria quando possível, em terreno e oportunidade propícia, limitando o uso das carruagens que fundamentava as forças dos reinos chineses mais ao norte. Quando tomaram a capital do reino de Chu, Ying, a tradição nos diz que as forças de Wu reunidas totalizavam algo em torno de 33 mil soldados, altamente disciplinados e motivados a executar ordens e táticas. Nada mais do que isso revela o poder em sua última instância, a força em seu apíce após anos de preparação e planejamento. A batalha se vence muito antes dos conflitos.

A vida de Sun Tzu em si permanece envolta de enigmas e obscuridades, não somente pela escassa narrativa histórica do período, mas também por que sua vida não gerou tantas anedotas e contos como acontece frequentemente com figuras proeminentes na história chinesa. Seu passado e vida pregressa são desconhecidos e, apesar de algumas evidências históricas recentemente descobertas do seu período, ainda permanecemos na ignorância mesmo diante do exato local de nascimento, se foi mesmo em Wu ou em Qi, conforme narra Sima Qian.

Foi pelas linhas desse grande historiador que ficou conhecida uma lição que Sun ensinou ao regente de Wu. Antes de contratar Sun Tzu, o rei de Wu testou as habilidades de Sun mandando-lhe treinar um harém de 180 mulheres para serem soldados. Sun as dividiu em duas companhias, nomeando as duas mulheres favoritas do rei como comandantes. Quando Sun Tzu ordenou que as concubinas olhassem para a direita, elas apenas riram. Em resposta, Sun disse que o general, neste caso ele mesmo, era o único responsável por garantir que os soldados entendessem as ordens que lhes eram dadas.

Então, Sun reiterou a ordem, e novamente as concubinas riram. Sun Tzu então ordenou a execução das duas mulheres favoritas do rei, tendo este soberano se degradado muito. Sun então explicou que, se os soldados de um comandante entenderam suas ordens, mas não obedeceram, a culpa é exclusivamente dos comandantes envolvidos. Mestre Tzu também disse que, uma vez que um general fosse nomeado, era seu dever cumprir sua missão, mesmo com os protestos do seu soberano. Depois que ambas as mulheres foram mortas, novos oficiais foram escolhidos para substituí-las. Depois do ocorrido, agora cientes dos custos de frivolidades, todas realizaram as manobras com perfeição e ordem.

Apesar de nunca ter sido mencionado nos textos históricos como comandante oficial de tropas, há evidência de suas táticas e estratégias na tomada da Ying, capital de Chu. Mas a partir daí seu nome desaparece dos registros completamente. Talvez Mestre Tzu tenha percebido os perigos que sua vida corria depois da morte do seu soberano, Helü, pelas mãos de Fuchai (r. 495 – 473 AEC). Assim, Sun aposentou-se e se retirou para a obscuridade, servindo de exemplo para muitos conselheiros e intelectuais na posteridade da história chinesa. Alguns relatos citam a evidência de um suposto mentor de Sun, Wu Tzu-Hsü, alguns outros estudiosos chegam a negar completamente a existência da vida de Sun Tzu. Os mais céticos deles citam possíveis imprecisões históricas e anacronismos no texto de "Arte da Guerra", sugerindo, portanto, que o livro seja mais uma compilação de diferentes autores e estrategistas militares.

Texto de **Emiliano Unzer**, professor da Universidade Federal do Espírito Santo. Unzer cursou Relações Internacionais pela UnB, em Brasília e fez mestrado em *Poscolonial Politics* pelo departamento da Universidade de Aberystwyth, no País de Gales, além de doutorado em História pela USP. Possui diversos artigos e livros publicados sobre história asiática disponíveis pela Amazon e outras grandes livrarias, incluindo os *best-sellers* da área "História do Japão: uma introdução", "História da Índia", "A Montanha e o Urso: uma história da Coreia" e de seu *magnum opus*: "História da Ásia".

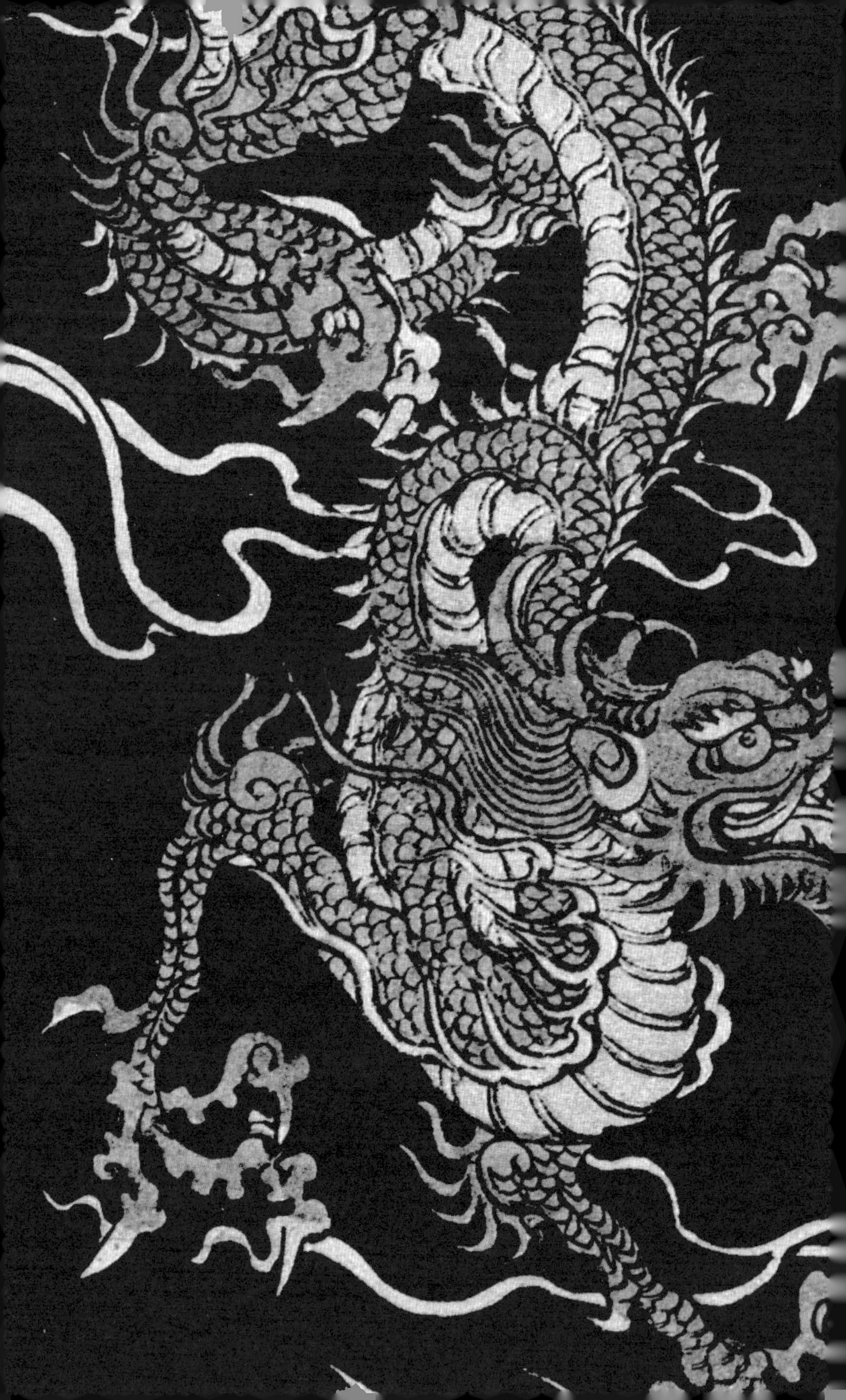

1

ESTABELECENDO PLANOS

1. Sun Tzu disse: a arte da guerra é crucial para o Estado.

2. É uma questão de vida ou morte, um caminho tanto para a segurança quanto para a ruína. Por conseguinte, é um tema de estudos que não pode ser negligenciado de forma alguma.

3. A arte da guerra é, então, governada por cinco fatores constantes que devem ser considerados nas decisões quando se busca definir as condições a serem obtidas no campo de batalha.

4. Os fatores são:
(1) A Lei Moral;
(2) O Céu;
(3) A Terra;
(4) O Comandante;
(5) Método e Disciplina.

5, 6. *A Lei Moral* faz a população estar em total acordo com seu soberano e, assim, começarão a segui-lo, a despeito da própria vida, sem temer o perigo.

7. *O Céu* significa o dia e a noite, o frio e o calor, o tempo e as estações do ano.

8. *A Terra* abrange distâncias grandes e pequenas; perigo e segurança; áreas abertas e passagens estreitas; as chances de vida e de morte.

9. *O Comandante* significa as virtudes da sabedoria: a sinceridade, a benevolência, a coragem e o rigor.

10. Por *Método e Disciplina*, deve-se compreender a ordenação de um exército em suas subdivisões adequadas, a graduação de postos entre os oficiais, a manutenção das estradas responsáveis por levar os suprimentos até o exército e o controle de gastos dos militares.

11. Esses cinco princípios devem ser de conhecimento de todos os generais: a vitória virá para aqueles que os conhecerem; a derrota virá para aqueles que não os conhecerem.

12. À vista disso, buscando determinar as condições militares, faça com que suas decisões sejam tomadas com base em comparações, desta forma:

13.
(1) Qual dos dois soberanos está imbuído da Lei Moral?

(2) Qual dos dois generais é mais habilidoso?
(3) Com quem estão as vantagens advindas do Céu e da Terra?
(4) Em qual lado a disciplina é aplicada de maneira mais rigorosa?
(5) Qual exército é mais forte?
(6) Em qual lado os oficiais e os soldados são mais bem treinados?
(7) Em qual exército há maior constância tanto em recompensas quanto em punições?

14. Por meio dessas sete considerações, consigo prever a vitória ou a derrota.

15. O general que ouvir meus conselhos com atenção e agir em conformidade com eles vencerá. Faça este permanecer no comando!

O general que não ouvir meus conselhos com atenção e não agir em conformidade com eles sofrerá a derrota. Faça este ser destituído!

16. Enquanto se guia pelos benefícios de meus conselhos, analise, também, as circunstâncias favoráveis acima e além das regras ordinárias.

17. Se as circunstâncias forem favoráveis, os planos devem ser alterados.

18. Todas as guerras têm como base a decepção.

19. Sendo assim, quando tivermos capacidade para atacar, devemos parecer incapazes; ao empregarmos nossas forças, devemos parecer inativos; quando estivermos próximos, devemos convencer nossos inimigos de que estamos muito distantes; quando estivermos distantes, devemos fazê-los acreditar que estamos próximos.

20. Jogue iscas para atrair o inimigo. Finja desordem e o esmague.

21. Caso ele esteja seguro em todas as posições, esteja preparado para ele.
Se ele tiver forças superiores, bata em retirada.

22. Caso seu oponente seja dotado de um temperamento colérico, procure irritá-lo. Finja ser fraco para que ele se torne arrogante.

23. Se ele estiver com a energia recarregada, gaste-a. Se suas forças estiverem unidas, separe-as.

24. Ataque-o no momento em que ele estiver despreparado, apareça onde você não é esperado.

25. Esses recursos militares que levam à vitória não devem ser disseminados de antemão.

26. Nessas circunstâncias, o general que sai vitorioso faz muitos cálculos em seu templo antes que a batalha seja travada. O general que sofre uma derrota faz poucos cálculos antecipadamente. Portanto, muitos cálculos levam à vitória; e poucos cálculos, à derrota. Entretanto, é muito pior se não houver cálculo algum! É por meio da atenção a essas regras que consigo prever quem será o possível vencedor ou perdedor.

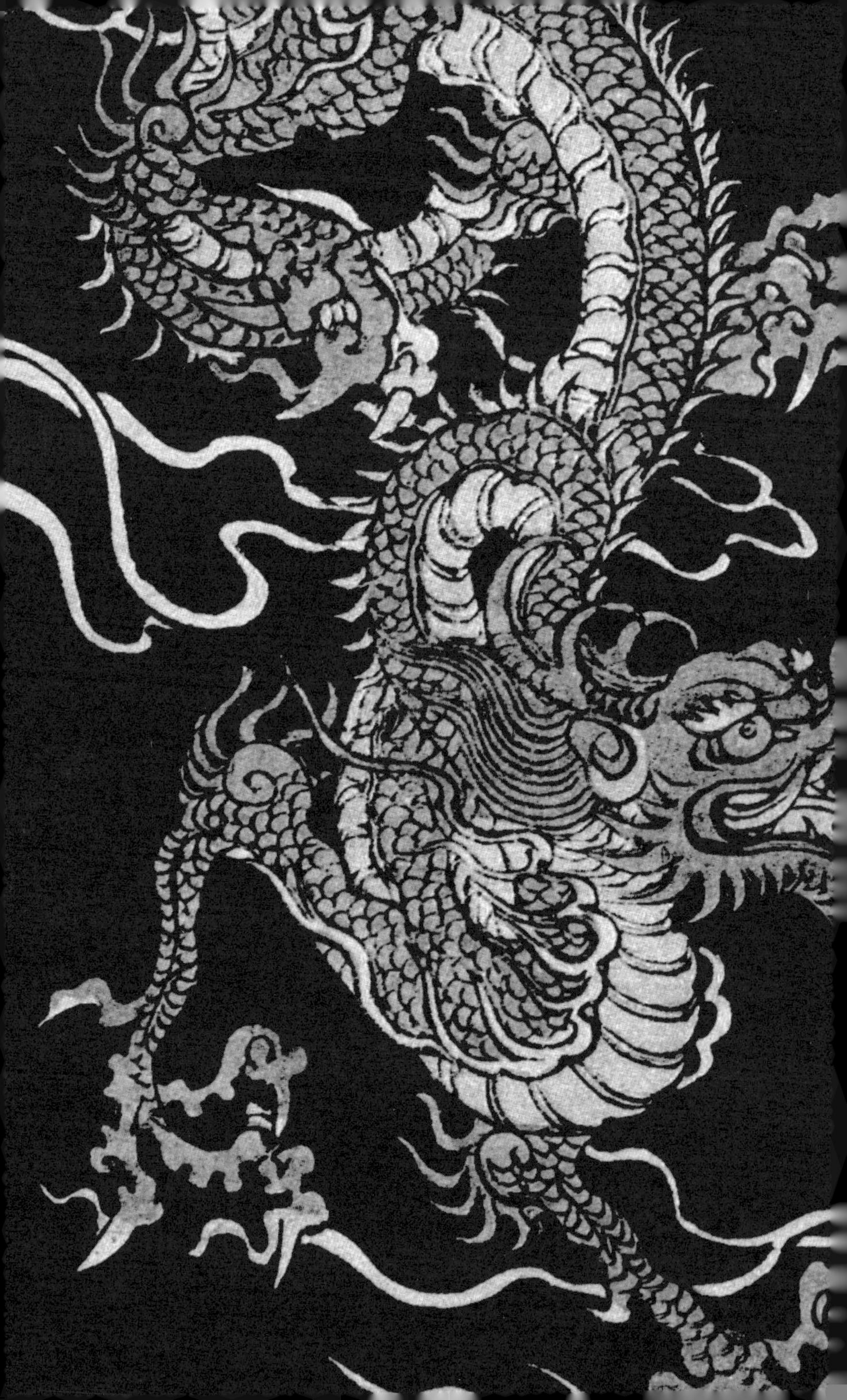

II

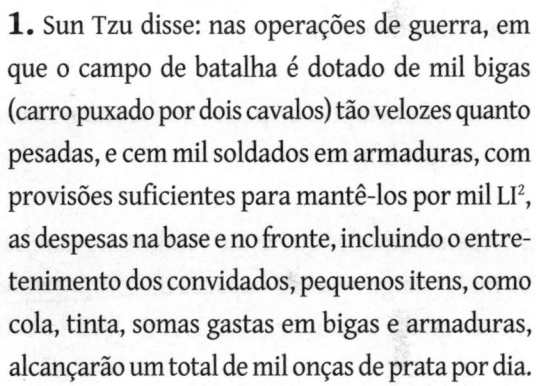

EM COMBATE

1. Sun Tzu disse: nas operações de guerra, em que o campo de batalha é dotado de mil bigas (carro puxado por dois cavalos) tão velozes quanto pesadas, e cem mil soldados em armaduras, com provisões suficientes para mantê-los por mil LI[2], as despesas na base e no fronte, incluindo o entretenimento dos convidados, pequenos itens, como cola, tinta, somas gastas em bigas e armaduras, alcançarão um total de mil onças de prata por dia.

Esse é o custo de formar um exército de cem mil homens.

2. Ao se engajar na batalha, se a vitória demorar a vir, os armamentos dos soldados vão se embotar e a energia deles diminuirá. Caso sitiem uma cidade, isso vai exaurir suas forças.

---

2   LI é uma antiga medida chinesa para distâncias, atualmente padronizada em quinhentos metros. (N.T.)

3. Novamente, se a luta for prolongada, os recursos do Estado não serão proporcionais ao esforço.

4. Assim, quando suas armas estiverem embotadas, sua energia estiver baixa, suas forças exauridas e sua riqueza consumida, outros líderes aparecerão para tirar vantagem de sua dificuldade. Então, nenhum homem, por mais sábio que possa ser, conseguirá impedir as consequências que se sucederão.

5. Sendo assim, ainda que tenhamos ouvido sobre a pressa estúpida na guerra, a inteligência nunca esteve associada com longa demora.

6. Não há exemplos de países que tenham se beneficiado de guerras prolongadas.

7. Apenas aqueles que estão totalmente familiarizados com os males da guerra são capazes de compreender completamente qual é a maneira rentável de levá-la adiante.

8. O soldado habilidoso não se engaja em um segundo confronto nem recarrega seus suprimentos mais de duas vezes.

9. Leve consigo o material necessário para a guerra, mas não deixe de saquear o inimigo. Assim, o exército terá alimento suficiente para suprir as necessidades.

10. A pobreza do erário faz o exército ser mantido por contribuições de regiões distantes. E contribuições à distância para sustentar um exército empobrecem a população.

11. Por outro lado, a proximidade de um exército causa um aumento nos preços; e altos preços drenam as economias da população.

12. Quando suas economias são exauridas, os camponeses sofrem uma pesada extorsão.

13, 14. Com a perda de suas economias e o exaurimento de suas forças, as casas da população serão tomadas e três décimos de seus rendimentos serão consumidos; enquanto as despesas do governo com bigas quebradas, cavalos feridos, armaduras e capacetes, arcos e flechas, lanças e escudos, manteletes, animais de carga e carros pesados somarão quatro décimos de seu rendimento total.

15. Portanto, um general sábio saqueia os inimigos. Um carregamento de provisões do inimigo equivale a vinte das próprias provisões e, do mesmo modo, um único picul[3] de seus mantimentos equivale a vinte dos nossos, armazenados.

16. Para matar o inimigo, nossos homens devem ser despertados para a ira; para que haja vantagem sobre o inimigo, eles devem ser recompensados.

17. Sendo assim, em combates com bigas, quando dez ou mais delas forem capturadas, deve-se recompensar os primeiros a trazê-las de volta.

---

3   O picul é uma antiga medida de peso usada no sudeste asiático, especial- mente na China, e equivale a aproximadamente sessenta quilos. (N.T.)

As bandeiras dos inimigos devem ser substituídas pelas nossas, e as bigas, misturadas e utilizadas junto às nossas. Os soldados capturados devem ser tratados com gentileza e aprisionados.

18. Isso é chamado de fazer uso do inimigo conquistado para ampliar a própria força.

19. Portanto, faça com que seu grande objetivo em guerra seja a vitória, e não longas batalhas.

20. Assim, será de conhecimento de todos que o destino daquela população está nas mãos do líder dos exércitos, o homem responsável por manter a nação em paz ou em perigo.

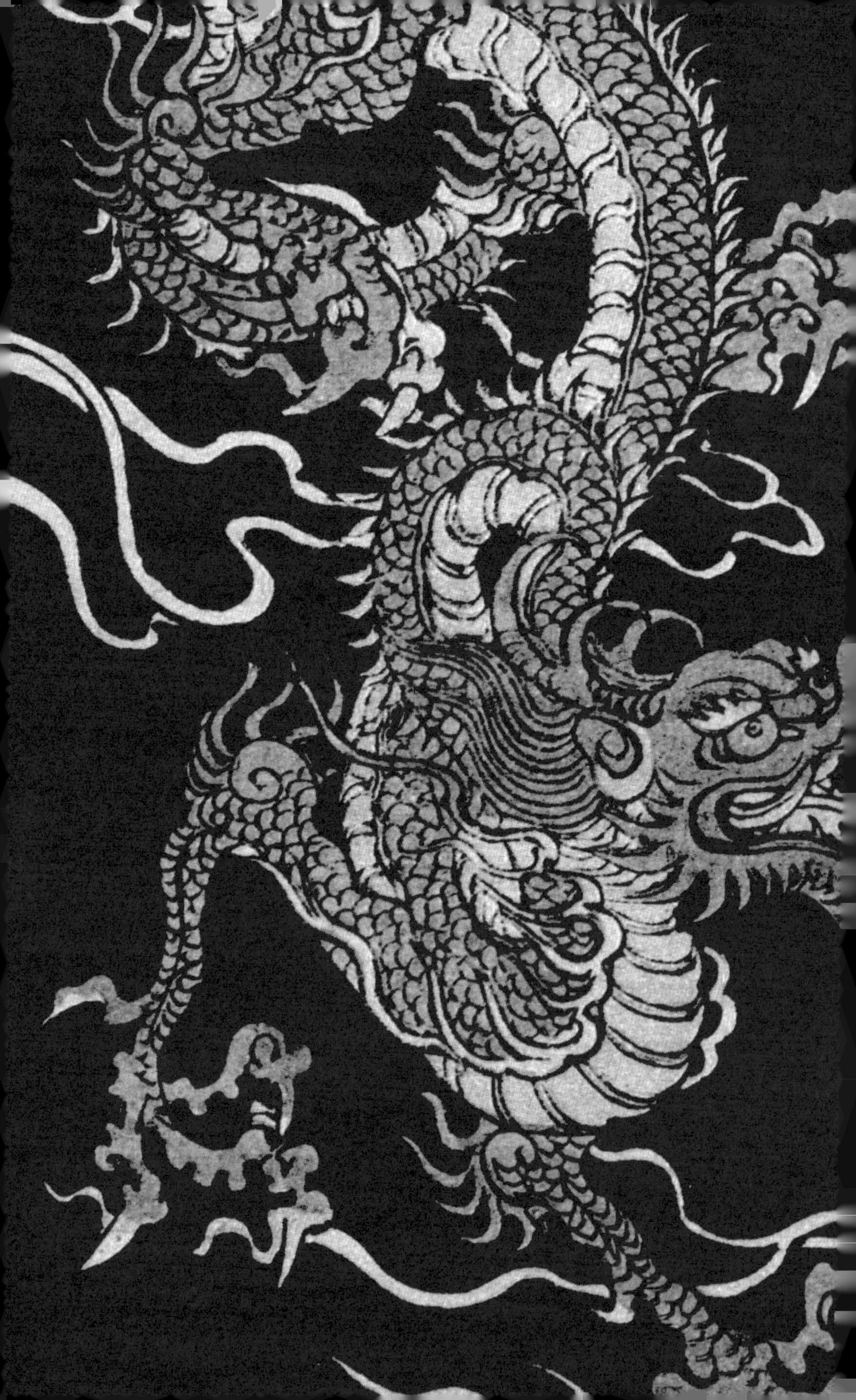

III
ATAQUE POR ESTRATAGEMA

1. Sun Tzu disse: na prática da arte da guerra, a melhor abordagem é tomar o país inimigo por inteiro e intacto; despedaçá-lo e destruí-lo não é tão bom. Do mesmo modo, também é melhor capturar um exército inteiro do que o destruir, capturar um regimento, um destacamento de soldados ou uma comitiva inteira do que os destruir.

2. Assim sendo, lutar e dominar em todas as batalhas não é alcançar a excelência suprema; a excelência suprema consiste em quebrar a resistência do inimigo sem lutar.

3. Por isso, a mais elevada forma de liderança estratégica é impedir os planos inimigos; a segunda melhor coisa é evitar a junção das forças inimigas; a seguinte, na ordem, é atacar o exército inimigo no campo de batalha; e a pior política de todas é sitiar cidades muradas.

4. A regra é não sitiar cidades muradas, se for possível evitar. A preparação de manteletes, abrigos móveis e diversos outros instrumentos de guerra consumirá três meses inteiros; o empilhamento de terra contra o muro tomará mais três meses.

5. O general que não consegue controlar sua ansiedade lançará seus homens ao ataque em uma espécie de formigueiro, resultando no massacre de um terço deles, ao passo que a cidade continuará intacta. Esses são os efeitos desastrosos de sitiar uma cidade.

6. Sendo assim, o líder habilidoso subjuga as tropas inimigas sem qualquer luta; ele captura cidades sem sitiá-las; derruba reinos sem operações prolongadas no campo de batalha.

7. Com suas forças intactas, ele disputará o domínio do Império e, assim, sem perder um homem sequer, seu triunfo será completo.

Esse é o método de ataque por estratagema.

8. São regras da guerra: se nossas forças forem dez vezes maiores do que a do inimigo, cerque-o; se forem cinco vezes maiores, ataque-o; se forem duas vezes maiores, divida o exército em dois.

9. Se as forças forem do mesmo tamanho, é possível oferecer o combate; se forem ligeiramente inferiores em número, é possível evitar o inimigo; se forem muito menores em todos os sentidos, é possível bater em retirada.

10. Consequentemente, embora uma luta obstinada possa ser combatida por uma força pequena, no fim, ela será capturada pela força maior.

11. Ora, o general é o bastião do Estado. Se o bastião é completo em todos os pontos, o Estado será forte; se for deficiente, o Estado será fraco.

12. Há três maneiras de um soberano trazer a desgraça para seu exército:

13.
(1) Ao ordenar que o exército avance ou recue, ignorando o fato de que ele não pode obedecer. Isso é chamado de constranger o exército.

14.
(2) Ao tentar governar um exército da mesma forma que administra um reino, ignorando as condições nas quais um exército opera. Isso causa ansiedade nos soldados.

15.
(3) Ao utilizar os oficiais de seu exército de forma indiscriminada, ignorando o princípio militar da adaptação às circunstâncias. Isso estremece a confiança dos soldados.

16. Mas, quando o exército fica inquieto e desconfiado, é certo que surgirão problemas por meio de outros príncipes feudais. Isso simplesmente gera revolta no exército e acaba com as chances de vitória.

17. Por isso, é preciso saber que há cinco pontos cruciais para se alcançar a vitória:

(1) Será vencedor aquele que souber o momento de lutar e o momento de não lutar.

(2) Será vencedor aquele que souber como manipular forças, tanto as superiores quanto as inferiores.

(3) Será vencedor aquele cujo exército estiver imbuído do mesmo estado de espírito em todas as suas patentes.

(4) Será vencedor aquele que, estando preparado, espera para derrubar o inimigo despreparado.

(5) Será vencedor aquele que tiver capacidade militar e não sofrer a interferência de seu soberano.

18. Consequentemente, está dito: se você conhecer bem o inimigo e a si mesmo, não tema o resultado de cem batalhas. Se conhecer a si mesmo, mas não o inimigo, para cada vitória, também sofrerá uma derrota. Se não conhecer a si mesmo nem o inimigo, sucumbirá a todas as batalhas.

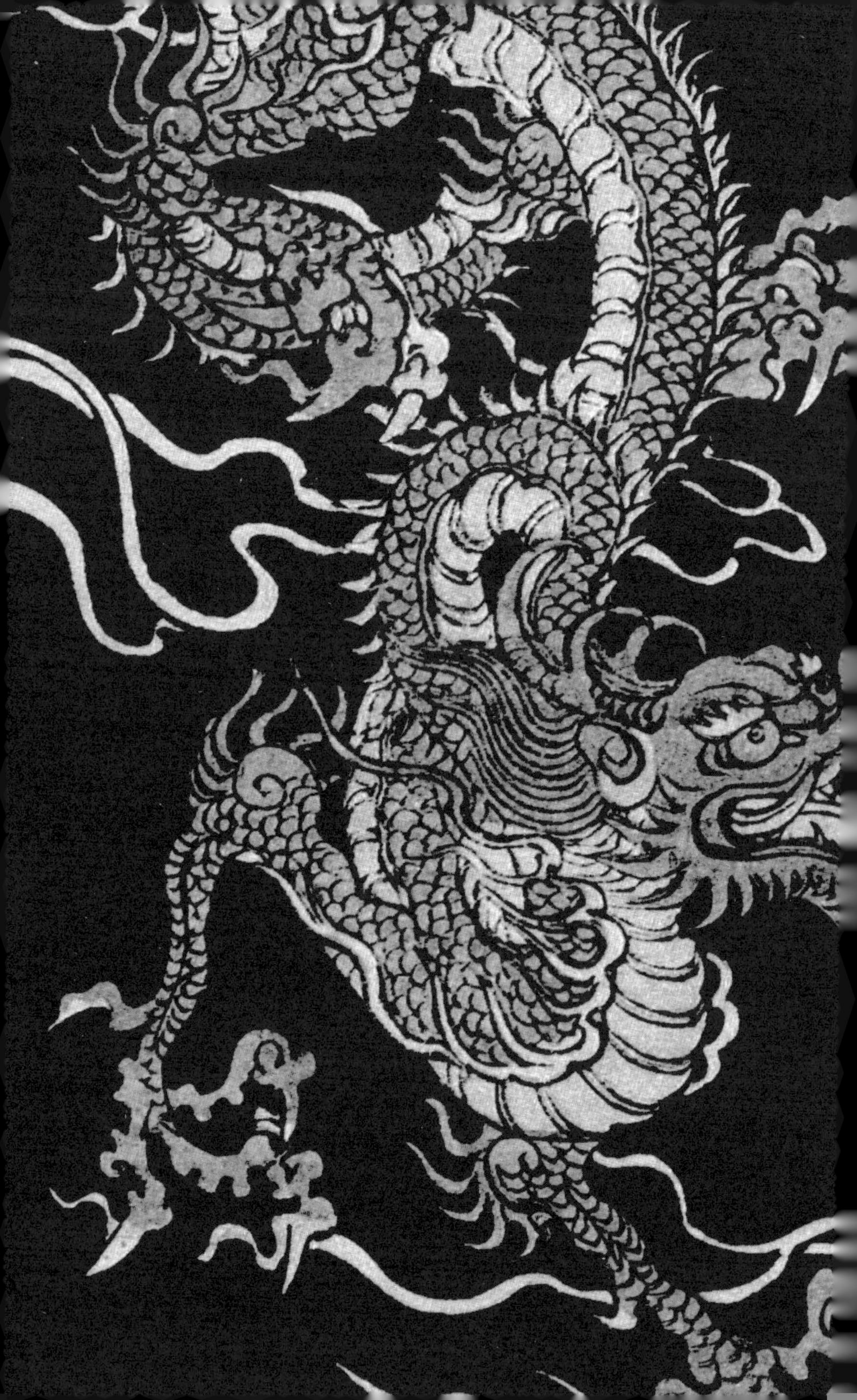

IV

DISPOSIÇÕES TÁTICAS

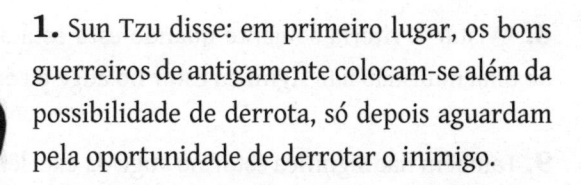

1. Sun Tzu disse: em primeiro lugar, os bons guerreiros de antigamente colocam-se além da possibilidade de derrota, só depois aguardam pela oportunidade de derrotar o inimigo.

2. Está em nossas mãos a garantia de não sermos derrotados, mas a oportunidade de derrotar o inimigo é fornecida a nós por ele mesmo.

3. Então, o bom guerreiro tem capacidade de evitar a própria derrota, mas não consegue assegurar a derrota do inimigo.

4. Consequentemente, está dito: é possível ter conhecimento sobre como dominar o inimigo sem, no entanto, ser capaz de fazê-lo.

5. A segurança contra derrotas implica táticas defensivas; a habilidade de derrotar o inimigo significa tomar a ofensiva.

6. Permanecer na defensiva indica insuficiência de força; já na ofensiva, uma grande abundância de força.

7. O general habilidoso na defesa esconde-se nos mais secretos recônditos da Terra; aquele que é habilidoso no ataque desponta, avançando ao posto mais elevado em direção ao céu. Dessa forma, por um lado, temos a habilidade de nos proteger; por outro, a vitória, que será completa.

8. Avistar a vitória somente quando esta está ao alcance de uma multidão não significa estar no auge da excelência.

9. Também não significa estar no auge da excelência lutar, dominar e ouvir o Império inteiro dizer: "Muito bem!"

10. Erguer um fio de cabelo fino de outono não é um indício de grande força; ver o Sol e a Lua não é um indício de visão aguçada; ouvir o ribombar do trovão não é um indício de ouvido atento.

11. Os antigos chamam de guerreiro habilidoso aquele que não apenas vence, mas se distingue por vencer com facilidade.

12. Por esse motivo, suas vitórias não lhe trazem reputação de sabedoria nem louros de bravura.

13. Ele vence suas batalhas ao não cometer erros.

Não cometer erros é o que determina a certeza da vitória, pois quer dizer que dominou um inimigo que já está derrotado.

14. Por isso, o combatente habilidoso posiciona-se de forma a tornar a derrota impossível e não perde o momento de derrotar o inimigo.

15. Portanto, na guerra, o estrategista vitorioso só procura a batalha quando a vitória já foi obtida, posto que ele está destinado a derrotar nos primeiros combates e, posteriormente, buscar a vitória.

16. O líder consumado cultiva a lei moral e devota-se ao método e à disciplina. Assim, controlar o sucesso está sob seu comando.

17. Com respeito aos métodos militares, temos, em primeiro lugar, a Medida; em segundo, a Estimativa de quantidade; em terceiro, os Cálculos; em quarto, o Equilíbrio de chances; e, em quinto, a Vitória.

18. A Medida deve sua existência à Terra; a Estimativa de quantidade, à Medida; o Cálculo, à Estimativa de quantidade; o Equilíbrio de chances, ao Cálculo; e a Vitória, ao Equilíbrio de chances.

19. Comparar um exército vitorioso com um derrotado é como colocar o peso de uma libra de um lado da balança e, do outro, um único grão.

20. A investida de uma força dominante é como a explosão de águas represadas sobre um abismo de mil fathoms[4] de profundidade. Muito para disposições táticas.

---

4 O fathom é uma unidade de medida de comprimento usada por marinheiros para definir a profundidade e corresponde a, aproximadamente, 183 cm. (N.T.)

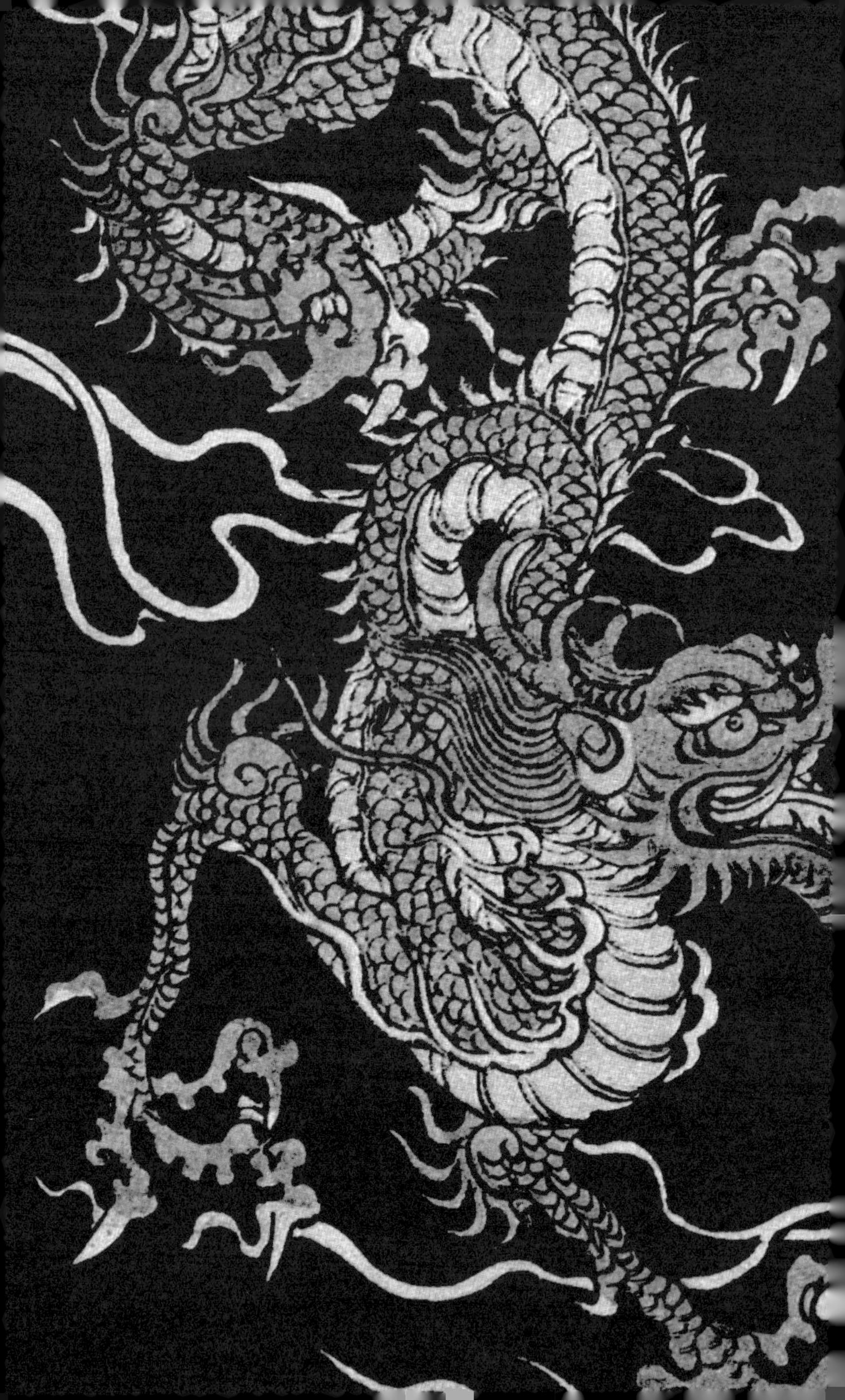

ENERGIA

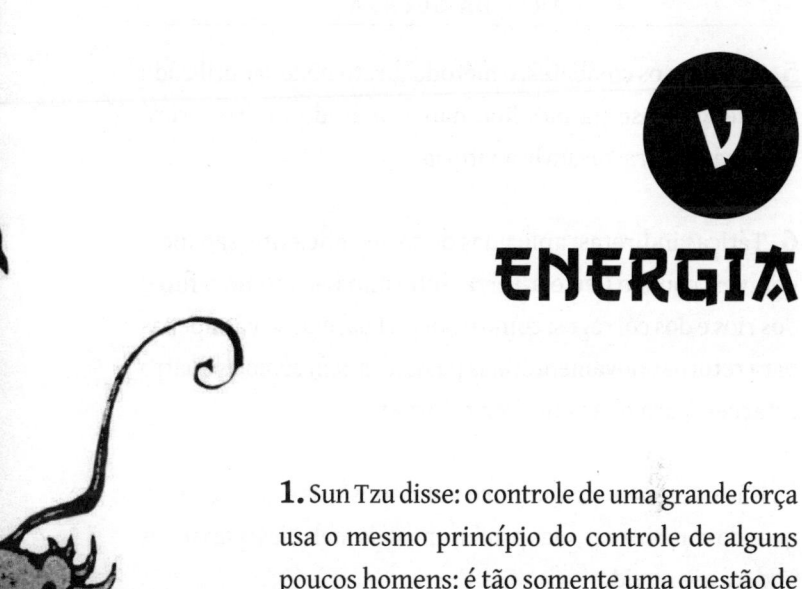

1. Sun Tzu disse: o controle de uma grande força usa o mesmo princípio do controle de alguns poucos homens: é tão somente uma questão de dividir seus números.

2. Combater com um exército grande sob seu comando não é, de modo algum, diferente de combater com um exército pequeno: é tão somente uma questão de estabelecer sinais e sinalizações.

3. Garantir que toda a tropa consiga resistir à violência do ataque inimigo e permaneça inabalada é algo realizado por meio de manobras diretas e indiretas.

4. Para que o impacto de seu exército seja como uma pedra afiada lançada contra um ovo, é preciso conhecer os pontos fracos e fortes.

5. Em todos os combates, o método direto pode ser utilizado para engajar-se na batalha, mas o método indireto será necessário para garantir a vitória.

6. Táticas indiretas, aplicadas de forma eficiente, são inesgotáveis como o Céu e a Terra, intermináveis como o fluxo dos rios e dos córregos; como o Sol e a Lua, elas se vão apenas para retornar novamente; elas passam, assim como as quatro estações, para mais uma vez retornar.

7. Não existem mais que cinco notas musicais e, ainda assim, quando combinadas, elas produzem mais melodias que jamais poderá ser ouvido.

8. Não existem mais que cinco cores primárias (azul, amarelo, vermelho, branco e preto) e, ainda assim, quando combinadas, elas resultam em mais tons que jamais poderá ser visto.

9. Não existem mais que cinco sabores principais (azedo, picante, salgado, doce e amargo) e, ainda assim, quando combinados, eles resultam em mais sabores que jamais poderá ser provado.

10. Em uma batalha, não existem mais que dois métodos de ataque, o direto e o indireto; e, ainda assim, quando combinados, eles criam uma série interminável de manobras.

11. O direto e o indireto conduzem, por sua vez, um ao outro. É como mover-se em círculos: você nunca encontra o fim. Quem conseguirá esgotar todas as possibilidades dessas combinações?

12. A investida das tropas é como o avanço de uma torrente que carregará inclusive pedras ao longo de seu curso.

13. A qualidade da decisão é como a investida oportuna de um falcão, capaz de abater e aniquilar suas vítimas.

14. Portanto, o bom guerreiro será terrível em sua investida e rápido em sua tomada de decisões.

15. É possível comparar a energia com o envergar de uma besta; e a decisão, com o pressionar de um gatilho.

16. Em meio à confusão e ao tumulto de uma batalha, pode haver uma aparente desordem e, ainda assim, não haver qualquer desordem de fato;
Em meio à confusão e ao caos, pode parecer que suas forças não tenham começo nem fim, mas, ainda assim, estarão seguras de não sofrer uma derrota.

17. A desordem simulada pressupõe perfeita disciplina; o medo simulado pressupõe coragem; a fraqueza simulada pressupõe força.

18. Ocultar a ordem sob o manto da desordem é simplesmente uma questão de subdivisão; dissimular a coragem sob uma aparência de timidez pressupõe uma reserva de energia latente; mascarar a força com a fraqueza deve ser empregado por meio de disposições táticas.

19. Assim, aqueles que são hábeis em manter o inimigo em movimento sustentam a ilusão de acordo com a qual o inimigo agirá. Para isso, sacrifica-se algo de que o inimigo pode apoderar-se.

20. Ao oferecer iscas, o inimigo é mantido em movimento; então, com uma equipe de homens selecionados, o exército espera o inimigo.

21. O combatente sagaz busca pelo efeito da energia combinada e não demanda muito de cada indivíduo.
É nisso que reside sua habilidade em selecionar os homens certos e empregar a energia combinada.

22. Quando ele emprega a energia combinada, seus soldados agem como troncos ou pedras arredondadas, pois é da natureza desses troncos e dessas pedras permanecerem imóveis em solo plano e colocarem-se em movimento em solo inclinado; se não forem redondos, acabarão por parar, mas, se forem arredondados, continuarão a avançar.

23. Portanto, a energia desenvolvida por bons guerreiros é como o movimento de pedras rolando montanha abaixo por milhares de pés de altura. É muito em termos de energia.

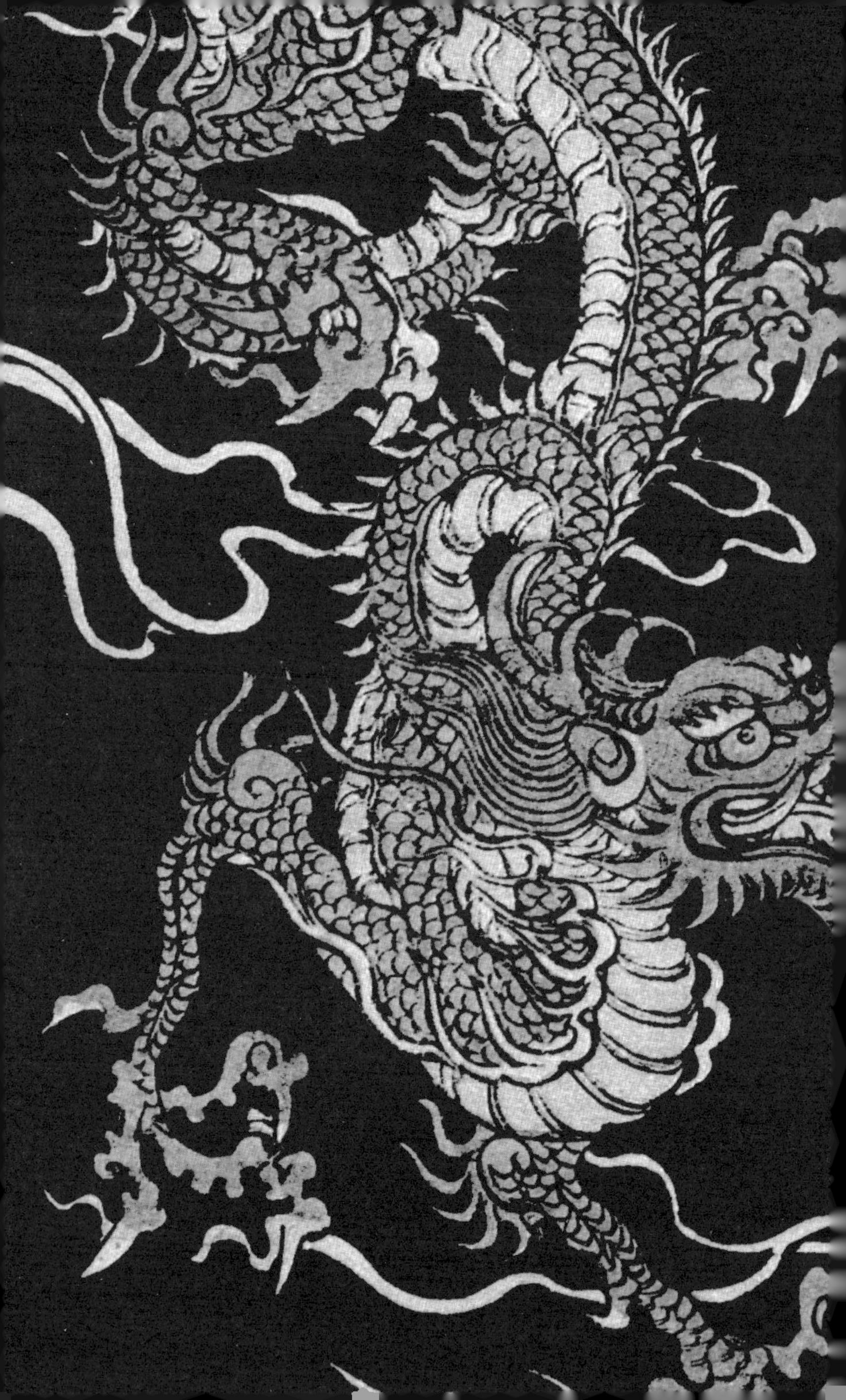

VI
PONTOS FORTES E FRACOS

1. Sun Tzu disse: quem chegar primeiro ao campo de batalha e aguardar a chegada do inimigo estará mais preparado para a luta; quem for o segundo a chegar ao campo de batalha e tiver que se apressar ao combate chegará exausto.

2. Dessa forma, o combatente sagaz impõe sua vontade sobre o inimigo, mas não permite que a vontade do inimigo seja imposta sobre ele.

3. Ao manter a vantagem para si, é possível fazer o inimigo se aproximar conforme sua conveniência ou, ao infligir danos, impossibilitar que o inimigo se aproxime.

4. Se o inimigo estiver em repouso, é possível acossá-lo; se ele estiver bem suprido de alimento, pode matá-lo de fome; se estiver acampado discretamente, pode obrigá-lo a se mover.

5. Apareça em pontos nos quais o inimigo tenha de se apressar para se defender; marche com celeridade para locais em que você não é esperado.

6. Um exército pode marchar por longas distâncias sem dificuldades, deslocando-se por localidades em que o inimigo não se encontra.

7. Você pode se assegurar que seu ataque será bem-sucedido apenas se atacar locais em que não há defesa nenhuma. Pode garantir que sua defesa estará segura apenas se mantiver posições que não podem ser atacadas.

8. Portanto, o general que ataca aquilo que o oponente não sabe que deve defender é hábil, assim como aquele que defende o que o oponente não sabe que deve atacar.

9. Divina arte da sutileza e do sigilo! Por meio da sutileza, aprendemos a nos tornar invisíveis; por meio do sigilo, inaudíveis. Dessa forma, conseguimos manter o destino do inimigo em nossas mãos.

10. Podemos avançar e ser absolutamente irresistíveis se atuarmos sobre os pontos fracos do inimigo; podemos bater em retirada e evitar a perseguição se nossos movimentos forem mais velozes que os dele.

11. Se tivermos o desejo de lutar, o inimigo pode ser forçado a combater mesmo que esteja abrigado atrás de muros de proteção e de um poço profundo. Basta atacar outro local que ele seja obrigado a deixar desprotegido.

12. Se não tivermos o desejo de lutar, podemos impedir que o inimigo nos force a isso, mesmo que nosso acampamento seja delimitado apenas por um traço no chão. Basta colocar algo diferente e inesperado em seu caminho.

13. Ao descobrirmos a disposição do inimigo e permanecermos invisíveis, conseguimos manter nossas forças concentradas, enquanto as do inimigo devem ser divididas.

14. Podemos formar um corpo único e coeso, ao passo que o inimigo deve ser dividido em frações. Desse modo, haverá fendas que separam o todo, o que significa que devemos ser muitos para as poucas frações do inimigo.

15. E, se conseguirmos atacar uma força inferior com uma superior, nosso oponente estará em sérias dificuldades.

16. O ponto que temos pretensão de combater não deve ser conhecido, uma vez que o inimigo terá de se preparar contra um possível ataque em vários pontos diferentes; consequentemente, suas forças serão distribuídas em muitas direções, e os números que teremos de confrontar em determinado momento será proporcionalmente menor.

17. Se o inimigo tiver de reforçar sua frente de batalha, a retaguarda ficará enfraquecida; caso reforce a retaguarda, a frente ficará enfraquecida; caso reforce sua esquerda, a direita ficará enfraquecida; caso reforce sua direita, a esquerda ficará enfraquecida. Se ele enviar reforços para todos os flancos, ficará enfraquecido em todos os pontos.

18. A inferioridade numérica provém da necessidade de se preparar contra possíveis ataques; a superioridade numérica, de compelir nosso adversário a se preparar contra nós.

19. Se soubermos qual é o local e o dia da batalha por vir, poderemos nos concentrar a grande distância para combater.

20. No entanto, se desconhecemos tanto o dia quanto o local, então o fronte esquerdo estará impotente para socorrer o direito; o direito, igualmente impotente para socorrer o esquerdo; a frente, incapaz de socorrer a retaguarda, ou a retaguarda de apoiar a frente. É ainda pior se os flancos mais afastados do exército estiverem separados por uma centena de LI e, mesmo os mais próximos, separados por vários LI!

21. Não obstante, de acordo com minhas estimativas, os soldados de Yueh[5] excedam os nossos em número, isso não lhes deverá trazer uma vantagem para a vitória. Sendo assim, eu digo que a vitória pode ser conquistada.

22. Apesar de o inimigo estar em maior número, podemos evitar que ele lute, esquematizando a fim de descobrir seus planos e as possibilidades de ele obter sucesso.

23. Desperte-o e aprenda os princípios de sua atividade e inatividade. Obrigue-o a se revelar, para que possamos descobrir seus pontos vulneráveis.

---

5   Yueh era um Estado nascente no território chinês por volta de 506 a.C. e foi um dos Estados contra o qual o general Sun Tzu lutou, defendendo o Estado de Wu. (N.T.)

24. Comparar o exército opositor com o seu, de forma cuidadosa, a fim de adquirir conhecimento sobre em que ponto a força é abundante e em qual é deficiente.

25. Ao elaborar disposições táticas, o melhor movimento é torná-las ocultas; oculte suas disposições e você estará a salvo da bisbilhotice do mais astuto dos espiões e das maquinações do mais sagaz dos cérebros.

26. A vitória pode ser produzida com base nas próprias táticas do inimigo. O povo não consegue compreender isso.

27. Todos os homens são capazes de enxergar as táticas que emprego em minhas conquistas, mas o que ninguém é capaz de enxergar é a estratégia utilizada, que evolui para a vitória.

28. Não repita as táticas que o levaram à vitória, permita que seus métodos sejam regulados pela variedade infinita de circunstâncias.

29. Táticas militares são como água a fluir, pois a água em seu curso natural precipita-se dos locais altos em direção aos baixos.

30. Da mesma forma, na guerra, o caminho é evitar o que é forte e atacar o que é fraco.

31. A água molda seu curso de acordo com a natureza do solo sobre o qual flui; o soldado conquista sua vitória de acordo com o inimigo que enfrenta.

32. Portanto, assim como a água não tem uma forma constante, na guerra, não existem condições constantes.

33. Aquele que é capaz de mudar suas táticas em relação ao oponente e, com isso, obter a vitória pode ser chamado de capitão nascido dos céus.

34. Os cinco elementos (água, fogo, madeira, metal e terra) não são predominantemente iguais; as quatro estações permitem sua alternância. Existem dias longos e curtos; a Lua tem fases de minguante e crescente.

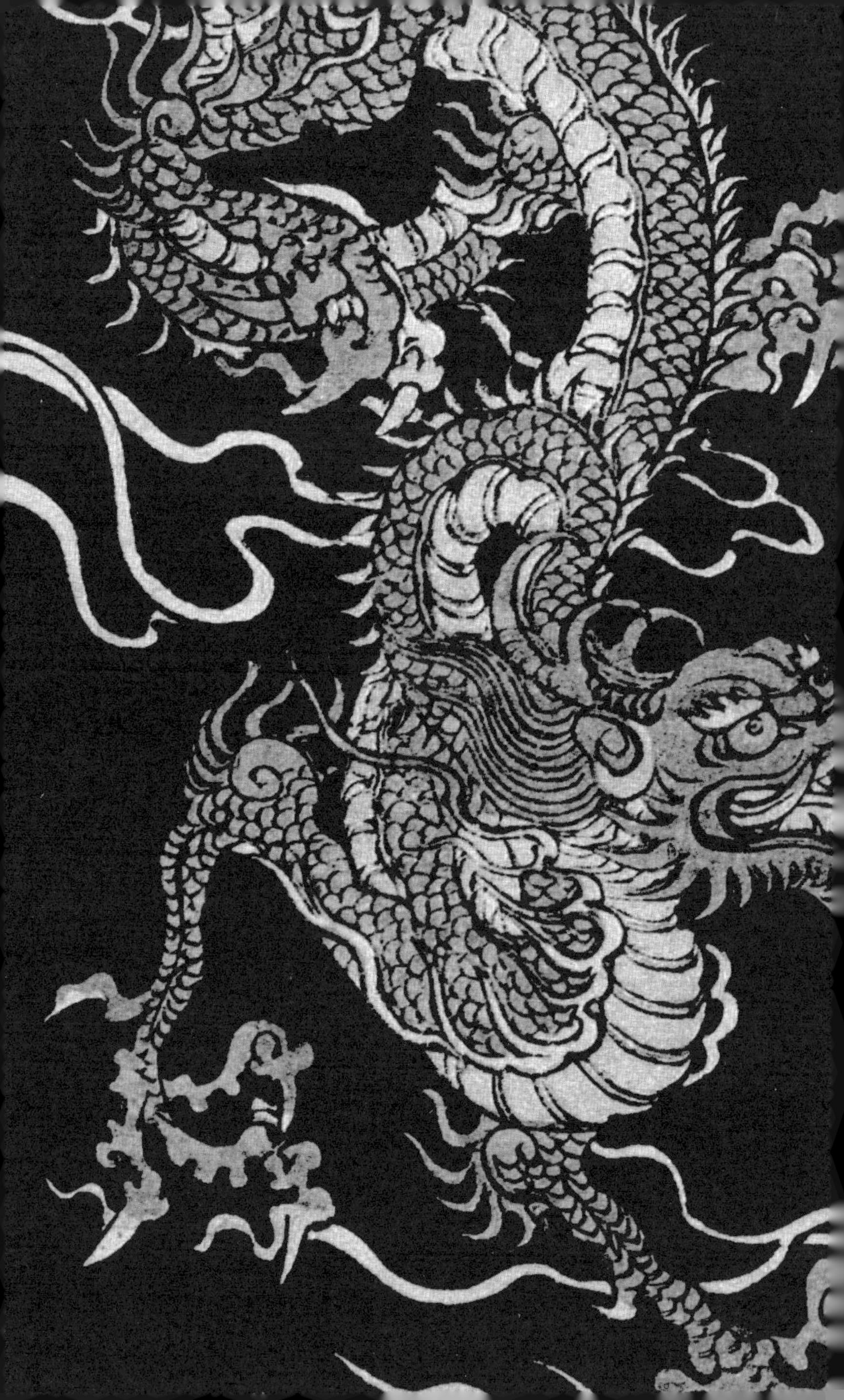

VII
MANOBRAS

1. Sun Tzu disse: na guerra, as ordens do general vêm do soberano.

2. Com seu exército formado e suas forças concentradas, ele deve unir e harmonizar seus diferentes elementos antes de armar seu acampamento.

3. Após isso, é o momento das manobras táticas, e é impossível existir algo mais difícil.

As dificuldades das manobras táticas advêm de ter de transformar o tortuoso em direto e o infortúnio em benefício.

4. Então, para pegar uma rota longa e sinuosa, após atrair o inimigo para fora do caminho e, embora tenha começado depois dele, seja inventivo para que alcance o objetivo primeiro, mostre conhecimento do artifício de *contornar*.

5. Fazer manobras com um exército é vantajoso; com uma multidão indisciplinada, muito perigoso.

6. Caso coloque um exército completamente equipado em marcha, a fim de ganhar alguma vantagem, é provável que ele chegue muito tarde. Por outro lado, destacar uma coluna móvel com esse propósito envolve abandonar suas bagagens e provisões.

7. Portanto, caso ordene que seus homens enrolem suas cobertas e os obrigue à marcha forçada sem parar por dias e noites, cobrindo o dobro da distância normal em apenas uma etapa, deslocando-se uma centena de LI para conseguir uma vantagem, os líderes das três divisões cairão nas mãos do inimigo.

8. Os homens mais fortes estarão à frente, os mais cansados ficarão atrás e, por meio desse plano, apenas um décimo de seu exército alcançará o destino.

9. Caso marche cinquenta LI para sobrepujar o inimigo, perderá o líder da primeira divisão e somente metade de sua força atingirá o objetivo.

10. Caso marche trinta LI com o mesmo propósito, dois terços de seu exército chegarão.

11. É possível, dessa forma, chegar à conclusão de que um exército sem seu comboio de suprimentos está derrotado; sem provisões, está derrotado; sem bases de suprimento, está derrotado.

12. Não devemos forjar alianças até que estejamos familiarizados com os planos de nossos vizinhos.

13. Não temos a preparação necessária para liderar um exército em marcha se não estivermos familiarizados com o terreno da região – suas montanhas e florestas, suas armadilhas e seus precipícios, seus charcos e pântanos.

14. Talvez não tenhamos a capacidade de transformar vantagens naturais em benefícios se não fizermos uso de guias locais.

15. Na guerra, pratique a dissimulação e alcançará o sucesso.

16. A decisão de concentrar ou dividir as tropas deve ser tomada de acordo com as circunstâncias.

17. Faça com que sua celeridade seja como a do vento; e sua resistência, como a da floresta.

18. Em suas incursões e pilhagens, seja como o fogo; na imobilidade, como uma montanha.

19. Faça com que seus planos sejam obscuros e impenetráveis como a noite e, quando se mover, caia como um relâmpago.

20. Ao saquear o campo, permita que a pilhagem seja dividida entre seus homens; ao conquistar um novo território, divida-o em lotes em benefício dos soldados.

21. Pondere e delibere antes de agir.

22. Aquele que aprender o artifício de contornar obterá conquistas. Essa é a arte de manobrar.

23. O Livro da Gestão de Exércitos diz: No campo de batalha, a palavra dita não carrega a mensagem para muito longe; então, faça uso de gongos e tambores. Objetos ordinários não são vistos com a clareza necessária; então, faça uso de estandartes e bandeiras.

24. Gongos e tambores, estandartes e bandeiras são formas de voltar os ouvidos e os olhos da tropa para um ponto específico.

25. A tropa, então, formando um corpo único e coeso, impossibilita o bravo de avançar sozinho ou o covarde de recuar sozinho. Essa é a arte de manobrar grandes massas de homens.

26. À vista disso, faça muito uso de sinais de fogo e tambores em combates noturnos. Em combates diurnos, faça uso de bandeiras e estandartes, a fim de influenciar os ouvidos e os olhos de seu exército.

27. O ânimo de todo um exército pode ser roubado; um comandante em supremo pode ter sua presença de espírito roubada.

28. Pela manhã, o ânimo de um soldado é forte; começa a esmorecer à tarde; à noite, sua mente está voltada apenas para o retorno ao acampamento.

29. Logo, um general hábil evita um exército quando seu ânimo está forte, mas ataca quando ele está desvanecido e inclinado a voltar. Essa é a arte de estudar os estados de espírito.

30. Disciplinado e calmo, para aguardar que a desordem e o tumulto apareça entre o inimigo. Essa é a arte de manter o autocontrole.

31. Estar próximo do objetivo enquanto o inimigo ainda estiver afastado dele; esperar pacientemente enquanto o inimigo estiver labutando e lutando; estar bem alimentado enquanto o inimigo estiver faminto. Essa é a arte de poupar esforços.

32. Não interceptar um inimigo cujos estandartes estejam em perfeita ordem; não atacar um exército em disposição tranquila e confiante. Essa é a arte de estudar as circunstâncias.

33. É um ensinamento militar não subir para avançar contra o inimigo nem se opor quando ele avançar em descida.

34. Não persiga um inimigo que simula fugir; não ataque soldados cujo temperamento é forte.

35. Não engula a isca ofertada pelo inimigo. Não interfira em um exército que está retornando para casa.

36. Quando cercar um exército, deixe aberta uma rota de fuga. Não pressione demais um inimigo desesperado.

37. Essa é a arte da guerra.

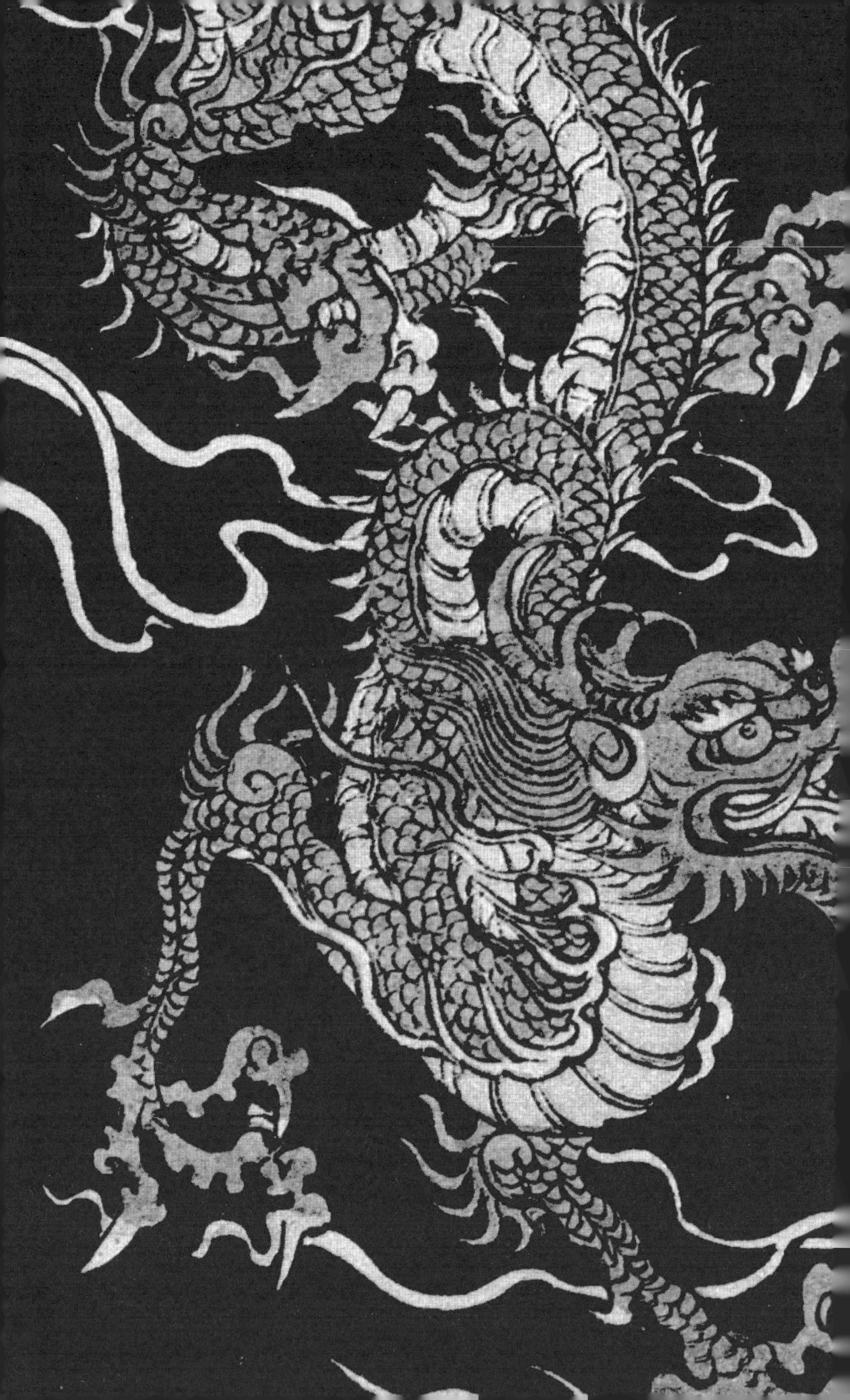

VIII
VARIAÇÕES DAS TÁTICAS

1. Sun Tzu disse: na guerra, as ordens do general vêm do soberano e, então, agrupa seu exército e concentra suas forças.

2. Não acampe em locais hostis. Junte-se aos aliados em locais em que os interesses coincidem. Não se demore em posições perigosas e isoladas.
    Em situações de cerco, recorra ao estratagema. Em posição de desespero, entre em combate.

3. Algumas estradas não devem ser trilhadas, alguns exércitos não devem ser atacados, algumas cidades não devem ser sitiadas, algumas posições não devem ser contestadas, algumas ordens de soberanos não devem ser obedecidas.

4. O general saberá manobrar sua tropa se for capaz de compreender inteiramente as vantagens que acompanham as variações de tática.

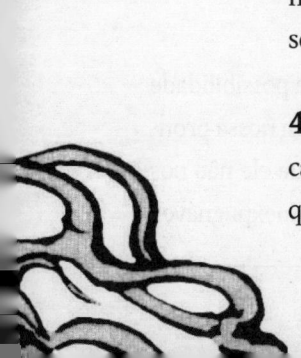

5. O general que não compreender isso pode estar muito familiarizado com a configuração do terreno e, ainda assim, será incapaz de transformar seu conhecimento em benefícios práticos.

6. Logo, falhará em fazer o melhor uso de seus homens o estudante da arte da guerra que, mesmo estando familiarizado com as Cinco Vantagens, não é versado na arte de variar seus planos de combate.

7. Então, nos planos de um líder sábio, serão combinadas as considerações de vantagens e desvantagens.

8. Se nossas expectativas de vantagem forem combinadas dessa forma, seremos capazes de alcançar o sucesso na parte essencial de nossos esquemas.

9. Se, por outro lado, em meio às dificuldades estivermos sempre prontos a apreender uma vantagem, poderemos nos desenredar do infortúnio.

10. Acalme os comandantes hostis ao lhes infligir perdas, ao lhes causar dificuldades e a mantê-los reiteradamente engajados em combate; ofereça-lhes falsos atrativos e faça-os atacar pontos específicos.

11. A arte da guerra nos ensina a não confiar na possibilidade de que o inimigo não venha até nós, mas, sim, em nossa prontidão para recebê-lo; não na possibilidade de que ele não nos ataque, mas no fato de que fazemos nossa posição inexpugnável.

12. Há cinco erros perigosos que podem prejudicar um general:
(1) Imprudência, que leva à destruição;
(2) Covardia, que leva à captura;
(3) Temperamento colérico, que pode ser instigado por insultos;
(4) Fragilidade de honra, que é suscetível à vergonha;
(5) Excesso de solicitude com seus homens, que o expõe a preocupações e problemas.

13. Esses são os cinco pecados desastrosos para a condução da guerra que afligem um general.

14. Quando um exército é destruído e seu líder é assassinado, a causa certamente será encontrada entre esses cinco erros perigosos. Faça com que estes sejam sujeitos à reflexão.

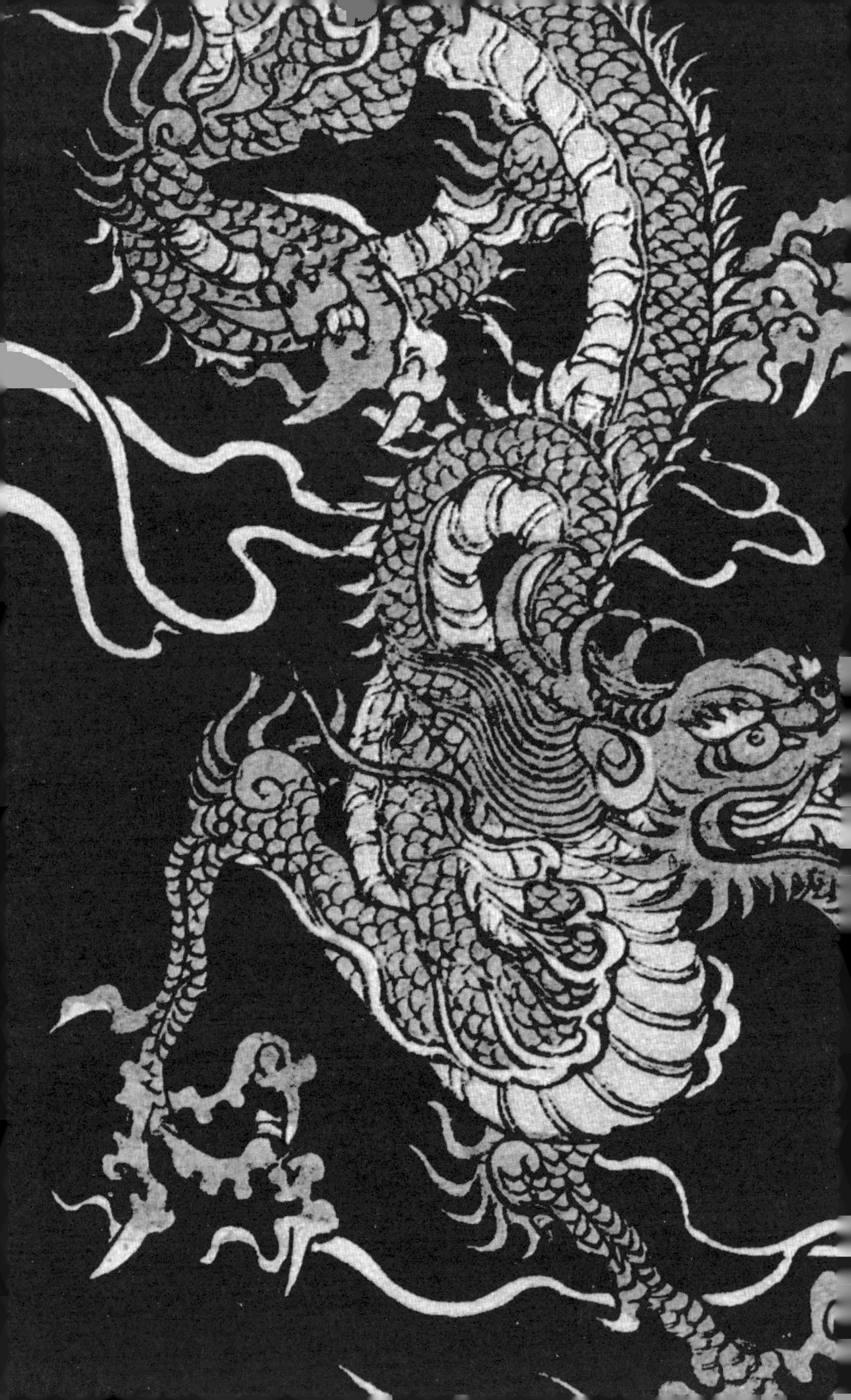

IX

O EXÉRCITO EM MARCHA

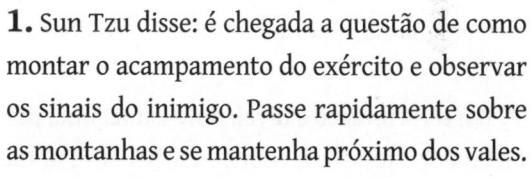

1. Sun Tzu disse: é chegada a questão de como montar o acampamento do exército e observar os sinais do inimigo. Passe rapidamente sobre as montanhas e se mantenha próximo dos vales.

2. Acampe em locais altos, de frente para o Sol. Não suba em locais muito altos para lutar, especialmente em guerras travadas nas montanhas.

3. Após atravessar um rio, afaste-se bastante dele.

4. Quando uma força invasora, em meio à sua marcha, atravessar um rio, não avance para encontrá-la no meio da corrente. É melhor esperar que metade do exército atravesse e, então, executar seu plano de ataque.

5. Caso esteja ansioso para atacar, não vá ao encontro do invasor próximo de um rio que ele precisa atravessar.

6. Ancore sua embarcação em um ponto mais elevado do que o do inimigo e de frente para o Sol. Não se desloque contra a corrente para encontrar o inimigo, especialmente em guerras travadas em rios.

7. Ao atravessar manguezais, sua única preocupação deve ser sair dele o mais rápido possível.

8. Caso seja forçado a combater em um manguezal, mantenha-se próximo da água e da vegetação e tenha um arvoredo em sua retaguarda, especialmente em operações em manguezais.

9. Em terreno seco e nivelado, assuma uma posição que seja facilmente acessível, com elevações em seu flanco direito e em sua retaguarda, a fim de que o perigo venha sempre de sua frente e que sua retaguarda esteja protegida, especialmente em batalhas sobre planícies.

10. Esses são os quatro ramos úteis do conhecimento militar, que permitem que o Imperador Amarelo[6] subjugue vários soberanos.

11. Todos os exércitos preferem planaltos a planícies e locais ensolarados a locais muito escuros.

---

6   O Imperador Amarelo (Huang Di) é apresentado pela mitologia chinesa como um lendário soberano, herói cultural e creditado como civilizador da Terra, mestre de muitas habilidades e inventor de vários itens agrícolas e militares. Sun Tzu faz referência a ele como articulador militar. (N.T.)

12. Se cuidar bem de seus homens e acampar em solo firme, o exército estará livre de todos os tipos de doenças, e o resultado disso é a vitória.

13. Quando se encontrar em uma colina ou uma ladeira, ocupe o lado ensolarado, com o declive em sua retaguarda direita.

Dessa forma, de uma única vez, atuará em benefício de seus homens e fará uso das vantagens naturais que o terreno oferece.

14. Quando, em consequência de fortes chuvas na nascente, um rio que deseja atravessar estiver espraiado e salpicado de espuma, aguarde até que ele retroceda.

15. Territórios que apresentam penhascos íngremes, com corredeiras ao fundo, depressões profundas naturais, locais confinados, matagal espesso, lamaçais e gretas devem ser abandonados o mais rápido possível e não se deve chegar perto deles.

16. Enquanto permanecemos afastados desses lugares, devemos fazer que o inimigo se aproxime deles; confrontá-los de frente e deixar esses territórios em sua retaguarda.

17. Se houver, nas proximidades de seu acampamento, terrenos acidentados, lagos cercados por bambus, bacias cheias de juncos ou bosques com espessa vegetação rasteira, eles devem ser cuidadosamente removidos e vasculhados, visto que são nesses locais que homens montam emboscadas e espiões traiçoeiros podem estar à espreita.

18. Quando o inimigo estiver muito próximo e permanecer quieto, ele estará confiante na força natural de sua posição.

19. Quando ele permanecer afastado e tentar incitar uma batalha, estará ansioso para que o outro lado avance.

20. Caso seu local de acampamento seja de fácil acesso, ele ofertará uma isca.

21. O movimento entre as árvores de uma floresta evidencia o avanço do inimigo. Marcas deixadas em trilhas em meio ao matagal significam que o inimigo quer nos causar desconfiança.

22. Pássaros em revoada são um indício de uma emboscada. Animais assustados indicam que um ataque repentino está por vir.

23. Quando a poeira se eleva em uma coluna alta, é um indício de que bigas estão avançando; quando a poeira está baixa, porém espalhada sobre uma grande área, é um anúncio de que a infantaria se aproxima. Quando ela se divide em diferentes direções, é sinal de que grupos foram enviados para coletar lenha. O movimento de algumas nuvens de poeira para a frente e para trás é um indício de que o exército está acampando.

24. Sussurros e o aumento de preparativos indicam que o inimigo está prestes a avançar. Balbúrdia e avanço, como se estivessem prestes a atacar, são indícios de que vão recuar.

25. Quando as bigas leves aparecem primeiro e assumem posição nos flancos, é sinal de que o inimigo está se preparando para a batalha.

26. Propostas de paz desacompanhadas de um pacto juramentado são sinal de conspiração.

27. Quando há muita correria e soldados assumindo suas posições, é o indício de um momento crítico.

28. Quando alguns são vistos avançando e alguns recuando, é um engodo.

29. Quando os soldados, em pé, usam as lanças como apoio, é sinal de que estão fracos de fome.

30. Se os enviados para buscar água começarem a beber primeiro, significa que o exército está sofrendo de sede.

31. Se o inimigo avistar uma vantagem a ser aproveitada e não se esforçar para assegurá-la, significa que os soldados estão fatigados.

32. Se os pássaros se agruparem em um ponto qualquer, significa que este não está sendo ocupado. Algazarra noturna denota nervosismo.

33. Se houver confusão no acampamento, significa que a autoridade do general é débil. Se os estandartes e as bandeiras forem removidos, um motim está em andamento. Se os oficiais estão zangados, significa que os homens estão desgastados.

34. Quando um exército oferece grãos como alimento a seus cavalos, mata o gado para servir de alimento e quando os homens não penduram suas panelas ao lado do fogo, demonstrando que não voltarão às suas tendas, é sinal de que eles estão determinados a lutar até a morte.

35. Avistar homens trocando sussurros em pequenos grupos ou falando em tom deprimido aponta a deslealdade entre os postos e as fileiras.

36. Recompensas muito frequentes são um indício de que o inimigo está esgotando seus recursos; muitas punições são sinal de graves conflitos.

37. Um início bastante tumultuado seguido de temor ante a quantidade de inimigos demonstra suprema falta de inteligência.

38. Quando emissários são enviados com palavras de elogio, é sinal de que o inimigo busca uma trégua.

39. Se as tropas inimigas marcham com fúria e permanecem frente a frente com as nossas por um longo tempo, sem engajar o combate ou bater em retirada, a situação é tal que demanda grande vigilância e ponderação.

40. Se nossas tropas não forem maiores do que as do inimigo, isso é o suficiente para indicar que um ataque direto não poderá ser efetuado. O que podemos fazer é simplesmente concentrar todas as forças disponíveis, manter uma vigilância estreita sobre o inimigo e obter reforços.

41. É certo que aquele que não exercita a previsão, fazendo pouco de seus oponentes, será capturado por eles.

42. Se os soldados forem punidos antes de estarem cada vez mais vinculados ao general, eles não serão obedientes e, sem obediência, serão praticamente inúteis. Se não forem aplicadas punições depois que os soldados já estão vinculados, ainda assim eles serão inúteis.

43. Sendo assim, em primeira instância, os soldados devem ser tratados com humanidade, porém mantidos sob controle por meio de uma disciplina ferrenha. Esse é o caminho certo para a vitória.

44. Se, durante o treinamento dos soldados, as ordens forem habitualmente cumpridas, o exército será bem disciplinado; caso contrário, sua disciplina será ruim.

45. Se um general demonstrar confiança em seus homens, mas sempre insistir que suas ordens sejam cumpridas, o ganho será mútuo.

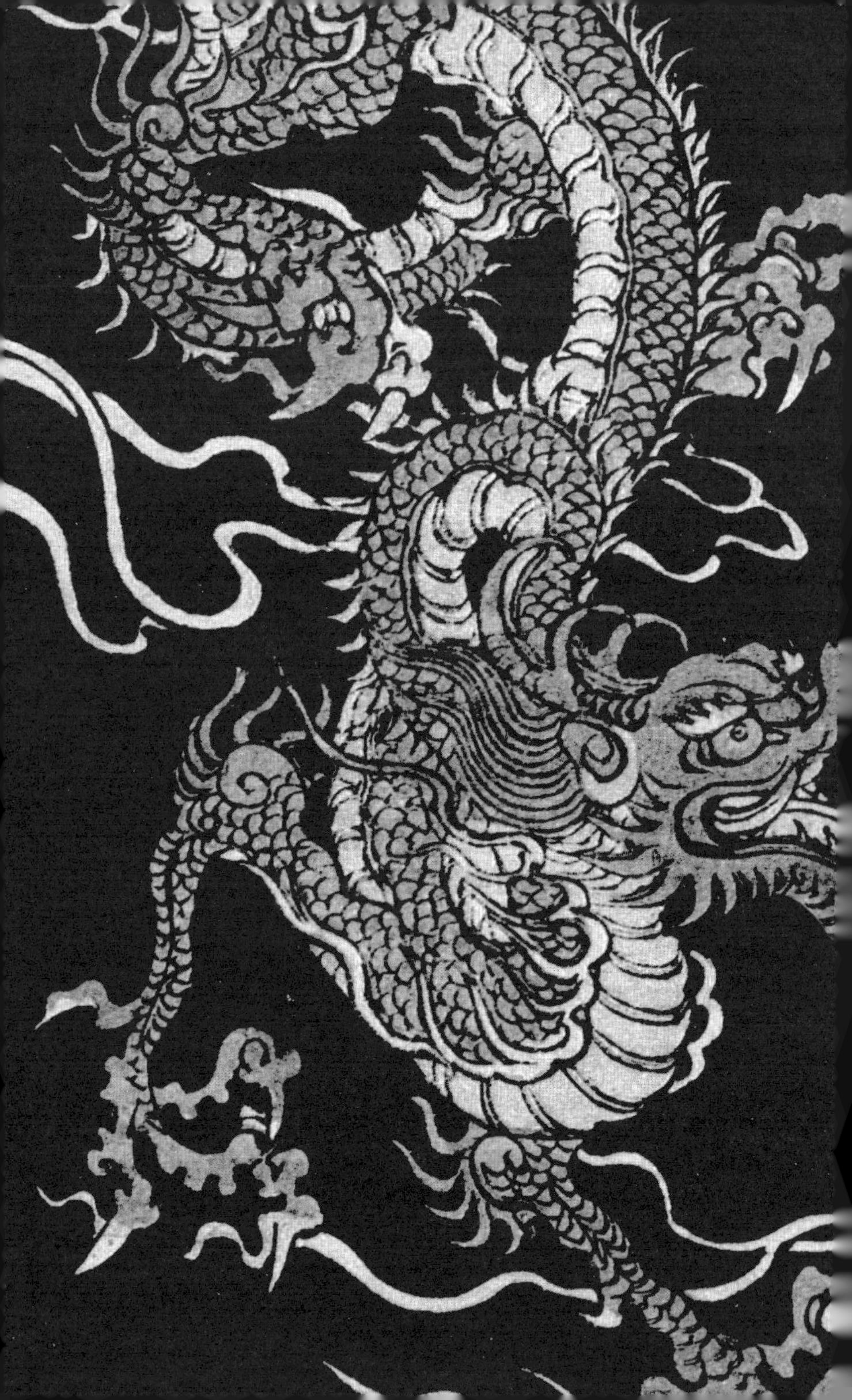

X

TERRENO

1. Sun Tzu disse: devemos distinguir seis tipos de terreno a considerar:
(1) Campo aberto;
(2) Campo acidentado;
(3) Campo a contemporizar;
(4) Passagens estreitas;
(5) Elevações íngremes;
(6) Posições a grande distância do inimigo.

2. O solo que pode ser facilmente atravessado por ambos os lados é chamado de *campo aberto*.

3. Em relação a terrenos dessa natureza, ocupe-os antes do inimigo em elevações e locais ensolarados e proteja sua linha de suprimentos com cuidado. Dessa forma, estará em vantagem na batalha.

4. Os terrenos que podem ser abandonados, porém que são difíceis de serem ocupados novamente são conhecidos como *campo acidentado*.

5. De uma posição como essa, caso o inimigo esteja despreparado, você pode atacar e derrotá-lo, mas, caso o inimigo esteja preparado para sua chegada e você falhe em derrotá-lo, pode ser impossível bater em retirada. Então, ocorrerá o desastre.

6. Quando a posição é tal que nenhum dos lados obterá vantagem ao se movimentar primeiro, é chamado de *campo a contemporizar*.

7. Em tal posição, mesmo que o inimigo ofereça uma isca atrativa, não é recomendável avançar, mas, sim, recuar, atraindo o inimigo por sua vez; então, quando parte do exército dele tiver aparecido, você pode executar seu ataque com vantagem.

8. No que diz respeito às *passagens estreitas*, se puder ocupá-las primeiro, guarneça-as fortemente e espere a chegada do inimigo.

9. Caso o exército inimigo o impeça de ocupar uma passagem, não o persiga se a passagem estiver totalmente guarnecida, apenas se a guarnição for fraca.

10. No caso de *elevações íngremes*, caso chegue antes de seu adversário, ocupe os pontos elevados e ensolarados e, de lá, aguarde a chegada do inimigo.

11. Se o inimigo as ocupou primeiro, não o siga; recue e tente induzi-lo a sair.

12. Se você está a uma grande distância do inimigo e a força dos dois exércitos é igual, provocar uma batalha será difícil, e você estará em desvantagem no combate.

13. Estes seis princípios são conectados à Terra. O general que tiver atingido um posto importante deve estudá-los atentamente.

14. Dessa forma, um exército está exposto a seis calamidades não oriundas de causas naturais, mas de falhas das quais o general é responsável. São elas:
(1) Fuga;
(2) Insubordinação;
(3) Colapso;
(4) Ruína;
(5) Desorganização;
(6) Derrota.

15. Sendo outras condições iguais, se uma força for atirada contra outra dez vezes maior, resultará na *fuga* da primeira.

16. Quando os soldados ordinários são muito fortes e seus oficiais muito fracos, o resultado disso será a *insubordinação*. Quando os oficiais são muito fortes e os soldados ordinários muito fracos, o resultado disso será o *colapso*.

17. Quando os oficiais de alta patente são coléricos e insubordinados e, ao confrontar o inimigo, conferem o próprio ressentimento à batalha, antes que o comandante supremo tenha a chance de dizer se está ou não em posição de lutar, o resultado disso será a *ruína*.

18. Quando o general não tem força nem autoridade; quando suas ordens não são claras e distintas; quando não há uma definição de responsabilidades entre oficiais e soldados e as fileiras são formadas de maneira desleixada, o resultado disso será a completa *desorganização*.

19. Quando um general, incapaz de estimar a força do inimigo, dá permissão para que uma força inferior enfrente uma maior, ou arremessa um destacamento fraco contra um poderoso e negligencia a posição de soldados selecionados nas fileiras dianteiras, o resultado disso será a *derrota*.

20. Essas são as seis maneiras de cortejar a derrota que um general que alcançou um posto importante deve conhecer.

21. A melhor aliada do soldado é a formação natural do campo, mas o poder de estimar o adversário, de controlar as forças da vitória e de calcular as dificuldades de maneira perspicaz, os perigos e as distâncias é o que constitui o teste para um grande general.

22. Aquele que souber dessas coisas e colocar seu conhecimento em prática em combates vencerá suas batalhas. Aquele que não as souber certamente será derrotado.

23. Se é certo que o combate resultará em vitória, então você deve lutar, mesmo que o soberano o proíba; se o combate não resultar em vitória, então não deve lutar, mesmo que o soberano assim ordene.

24. O general que avança sem cobiçar a fama e retrocede sem temer a desonra, que pensa apenas em proteger sua terra e prestar um bom serviço a seu soberano, é a joia do reino.

25. Considere seus soldados como seus filhos, e eles o seguirão até o mais profundo dos vales; cuide deles como cuida dos próprios filhos amados, e eles estarão ao seu lado até diante da morte.

26. No entanto, se você agir com indulgência, mas for incapaz de impor autoridade; agir com bondade, mas for incapaz de fazer cumprir comandos e, além disso, for incapaz de reprimir a desordem, então seus soldados devem ser comparados a crianças mimadas; eles são inúteis para quaisquer propósitos práticos.

27. Se soubermos que nossos homens estão em condições de atacar, mas não soubermos que o inimigo não está desprotegido do ataque, teremos trilhado apenas metade do caminho até a vitória.

28. Se soubermos que o inimigo está desprotegido do ataque, mas não soubermos que nossos homens não estão em condições de atacar, teremos trilhado apenas metade do caminho até a vitória.

29. Se soubermos que o inimigo está desprotegido do ataque e, também, que nossos homens estão em condições de atacar, mas não soubermos que a natureza do terreno torna o combate impraticável, ainda teremos trilhado apenas metade do caminho até a vitória.

30. Destarte, o soldado experiente, uma vez em marcha, jamais é confundido; uma vez no campo de batalha, nunca estará lá para a derrota.

31. Por consequência, está dito: se você conhece o inimigo e conhece a si mesmo, sua vitória não será colocada em dúvida; se conhece o Céu e a Terra, poderá alcançar a vitória completa.

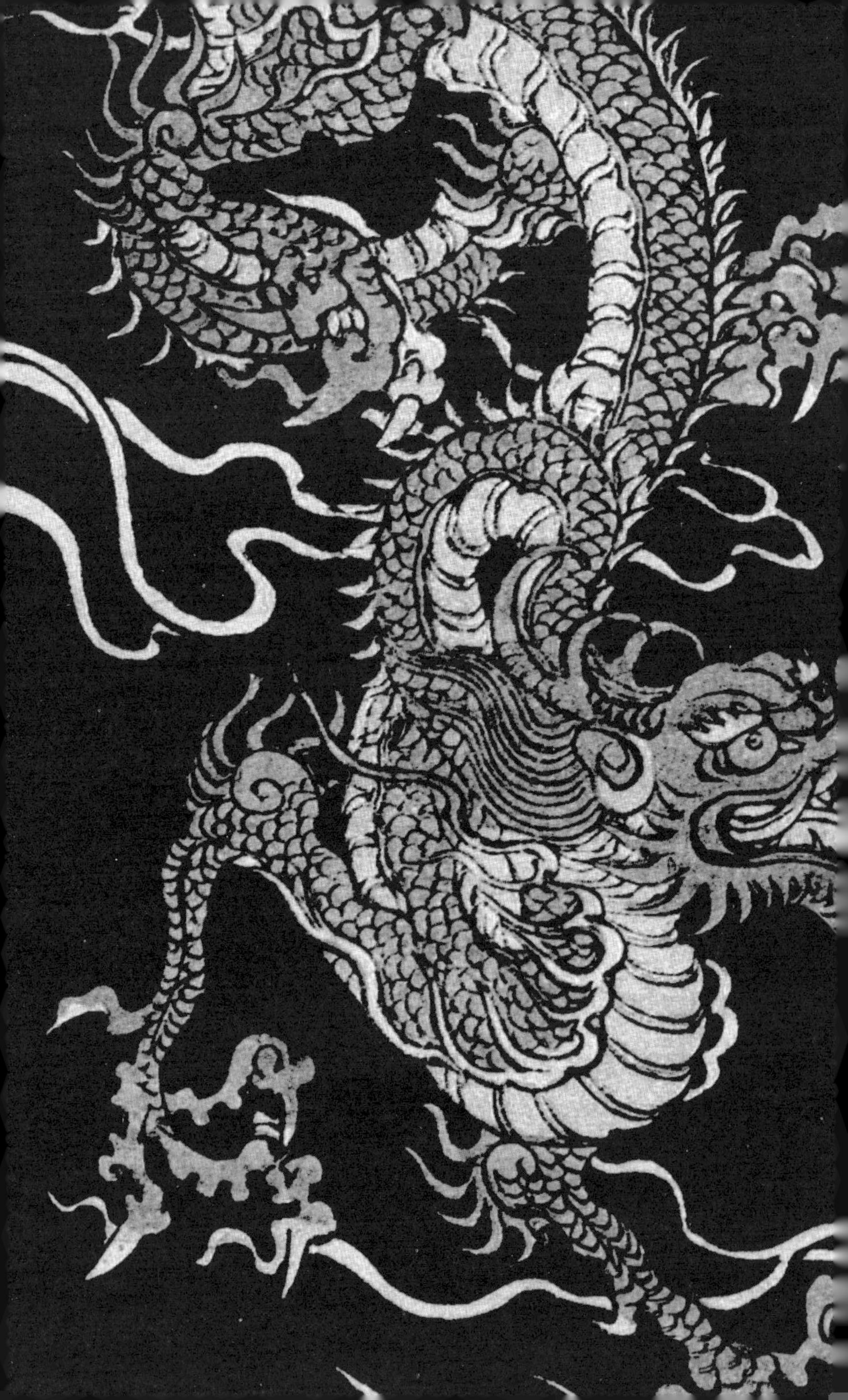

XI

AS NOVE SITUAÇÕES

1. Sun Tzu disse: a arte da guerra reconhece nove variações de campos de batalha:
(1) Campo de dispersão;
(2) Campo fácil;
(3) Campo decisivo;
(4) Campo aberto;
(5) Campo de intersecção;
(6) Campo desfavorável;
(7) Campo difícil;
(8) Campos cercados;
(9) Campos de morte.

2. Quando um líder luta no próprio território, o campo é de dispersão.

3. Quando ele penetra em território hostil, mas não de forma profunda, o campo é fácil.

4. Campo decisivo é aquele cuja possessão implica uma grande vantagem para ambos os lados.

5. Campo em que ambos os lados têm liberdade de se movimentar é um campo aberto.

6. Campos que formam o acesso a três Estados contíguos, de forma que aquele que o ocupa primeiro tem a maior parte do Império sob seu comando, são de intersecção.

7. Ao penetrar o coração de um território hostil, deixando cidades fortificadas em sua retaguarda, o exército estará em campo desfavorável.

8. Montanhas, florestas, declives íngremes, charcos e pântanos, enfim, territórios difíceis de serem atravessados – isso é um campo difícil.

9. Campo em que se chega por meio de passagens estreitas e do qual a retirada só pode ser feita por caminhos tortuosos, em que basta um pequeno grupo de inimigos para esmagar um grande corpo formado por nossos homens, é denominado campo cercado.

10. Campos de morte são aqueles nos quais somente podemos ser salvos da destruição se lutarmos de maneira contínua.

11. Por isso, não lute em campos de dispersão. Não pare em campo fácil. Não ataque em campo decisivo.

12. Não tente bloquear o caminho do inimigo em campo aberto. Junte-se aos aliados em campo de intersecção.

13. Acumule pilhagem em campo desfavorável. Mantenha a marcha uniforme em campo difícil.

14. Recorra aos estratagemas em campos cercados. Em campos de morte, lute.

15. Os que eram chamados de líderes habilidosos de antigamente sabiam como cindir o fronte e a retaguarda do inimigo, a fim de evitar a cooperação entre suas divisões grandes e pequenas; a fim de impedir que as boas tropas resgatassem as más e que os oficiais reagrupassem seus homens.

16. Os líderes de antigamente, quando os homens do inimigo estavam unidos, eram capazes de mantê-los em desordem.

17. Quando a vantagem era sua, eles faziam um movimento para a frente; caso contrário, mantinham-se imóveis.

18. Se fosse questionado sobre como enfrentar uma grande tropa do inimigo em formação organizada e a ponto de marchar para o ataque, eu diria: "Comece por apoderar-se de algo que seu oponente considera valioso; assim, ele estará maleável à sua vontade".

19. A essência da guerra é a rapidez: aproveite-se do despreparo de seu inimigo, desloque-se por rotas inesperadas e ataque em pontos desprotegidos.

20. Os princípios a serem observados por uma força invasora são os seguintes: quanto mais profundamente penetrar no território, maior será a solidariedade de suas tropas e, assim, os defensores não conseguirão prevalecer contra você.

21. Saqueie em território fértil para suprir de alimentos seu exército.

22. Estude atentamente o bem-estar de seus homens e não os sobrecarregue. Concentre suas energias e reserve suas forças. Mantenha seu exército sempre em movimento e imagine planos insondáveis.

23. Coloque seus homens em posições das quais não há escapatória, e eles preferirão a morte à fuga. Caso encarem a morte, nada há que não consigam; sejam oficiais ou soldados, eles aplicarão o máximo de suas forças.

24. Quando estão sob uma pressão desesperada, os soldados perdem seu senso de medo. Se não houver refúgio, permanecerão firmes; se estão em território hostil, tornar-se-ão um obstinado fronte; se não houver ajuda, lutarão duramente.

25. Sendo assim, os soldados estarão constantemente em alerta sem esperar que sejam mandados; farão sua vontade sem esperar que sejam solicitados; serão leais sem restrições; serão confiáveis sem que recebam ordens.

26. Proíba crer em presságios e superstições para evitar dúvidas. Assim, até que lhes venha a morte, não será necessário temer nenhuma calamidade.

27. Se riquezas não forem dadas a nossos soldados, não é porque eles têm aversão a elas; se suas vidas não forem longas, não é porque não estão propensos à longevidade.

28. Ao partirem para a batalha, seus soldados poderão chorar tanto que aqueles que estiverem sentados molharão seus uniformes e aqueles que estiverem deitados deixarão lágrimas escorrer por suas faces; mas, quando forem acuados, mostrarão a coragem de um Chu[7] ou um Kuei[8].

29. O tático habilidoso pode ser comparado a shuai-jan, uma serpente encontrada nas montanhas Chung. Ataque-a na cabeça e será atacado pela cauda; ataque-a na cauda e será atacado por sua cabeça; ataque-a no meio e será atacado tanto pela cabeça quanto pela cauda.

30. Caso me perguntassem se um exército pode ser treinado para imitar a shuai-jan, eu responderia que sim. Visto que os homens de Wu e os homens de Youeh são inimigos; mesmo assim, se estiverem atravessando um rio no mesmo barco e

---

7   Chu, como era conhecido Chuan Chu, nativo do Estado de Wu e possível contemporâneo de Sun Tzu que, em 515 a.C., foi contratado por Kung-tzu Kuang para assassinar seu soberano Wang Liao com um punhal que ele escondera na barriga de um peixe servido em um banquete real. Corajosamente, Chu teve sucesso no atentado, mas foi imediatamente retalhado pelos guarda-costas do rei. (N.T.)

8   Em 681 a.C., Kuei, cujo nome completo era Ts'AO Kuei, realizou a façanha que tornou seu nome famoso, quando atacou sozinho o duque Huan Kung, que estava prestes a assinar a conquista de grande parte do Estado de Lu, obrigando-o, com uma adaga no pescoço, a renunciar à posse. (N.T.)

forem pegos por uma tempestade, uns virão em assistência dos outros, do mesmo modo que a mão esquerda ajuda a direita.

31. Por isso, não é suficiente depositar toda a confiança em cavalos atados nem em rodas de bigas enterradas no chão.

32. O princípio que deve ser usado ao administrar um exército é estabelecer um padrão de bravura que todos devem atingir.

33. Como obter o melhor tanto dos fortes quanto dos fracos é uma questão que envolve o uso adequado do terreno.

34. Dessa forma, o general habilidoso conduz seu exército como se estivesse liderando um único homem, quer queira, quer não, pela mão.

35. É trabalho do general ser silencioso e, dessa forma, garantir o sigilo; ser direito e justo e, dessa forma, manter a ordem.

36. Ele deve ser capaz de iludir seus oficiais e seus soldados mediante relatórios e apresentações falsas e, dessa forma, mantê-los em total ignorância.

37. Ao mudar seus preparativos e revisar seus planos, ele mantém o inimigo sem o conhecimento definitivo. Ao mudar de acampamentos e usar rotas sinuosas, evita que o inimigo antecipe seus propósitos.

38. No momento crítico, o líder de um exército age como alguém que subiu até um local muito elevado e, depois, descartou a escada atrás de si. Antes de mostrar sua mão, ele introduz seus homens profundamente em território hostil.

39. Queima sua embarcação e destrói suas panelas; como um pastor orientando seu rebanho de ovelhas, ele guia seus homens pelo caminho e ninguém sabe para onde ele está indo.

40. Reunir suas tropas e levá-las em direção ao perigo – o trabalho de um general pode ser descrito dessa forma.

41. As diferentes medidas adequadas às nove variedades de campos, à conveniência de táticas agressivas ou defensivas e às leis fundamentais da natureza humana – essas são as coisas que certamente devem ser estudadas.

42. Quando invade um território hostil, o princípio do general deve ser de que penetrar profundamente traz coesão, mas a penetração rasa significa dispersão.

43. Ao deixar o próprio território para trás e guiar seu exército por um território vizinho, encontra-se em campo crítico. Quando há formas de comunicação em todos os quatro lados, o campo é de intersecção.

44. Quando consegue penetrar profundamente em um território, é campo desfavorável. Quando a penetração é rasa, campo fácil.

45. Quando tiver o reduto do inimigo à sua retaguarda e passagens estreitas à frente, é campo cercado. Quando não existir nenhum local de refúgio, campo de morte.

46. Sendo assim, em campos de dispersão, eu inspiraria meus homens com unidade de propósito. Em campo fácil, notaria que existe um vínculo muito próximo entre todas as partes do meu exército.

47. Em campo decisivo, aceleraria minha retaguarda.

48. Em campo aberto, manteria a vigilância de minhas defesas. Em campo de intersecção, consolidaria minhas alianças.

49. Em campo desfavorável, tentaria garantir um fluxo contínuo de suprimentos. Em campo difícil, continuaria a avançar pelo caminho.

50. Em campo cercado, bloquearia quaisquer formas de retirada. Em campo de morte, proclamaria a meus soldados a improbabilidade de salvar suas vidas.

51. Por essa razão, deve ser do caráter do soldado oferecer resistência obstinada quando cercado, lutar furiosamente quando não puder evitar e obedecer prontamente quando estiver em perigo.

52. Não podemos forjar uma aliança com um príncipe vizinho até que obtenhamos conhecimento de seus planos. Não estamos prontos para liderar um exército em marcha se não estivermos familiarizados com a superfície do território, suas montanhas e florestas, suas armadilhas e precipícios, seus charcos e pântanos.

Se não fizermos uso de guias locais, poderemos ser incapazes de transformar as vantagens naturais em benefícios.

53. Ignorar qualquer um dos quatro ou cinco princípios seguintes não beneficia um príncipe belicoso.

54. Quando um príncipe belicoso ataca um poderoso Estado, seu generalato apresenta-se para evitar a concentração de forças inimigas, intimidar seus oponentes e evitar que aliados se unam contra ele.

55. Dessa forma, ele não se empenha em aliar-se a todos e a tudo nem alimenta a força de outros Estados. Ele executa seus projetos secretos e deixa seus antagonistas aterrorizados. Assim, é capaz de capturar cidades e derrubar seus reinados.

56. Conceda recompensas de forma descontrolada, dê ordens independentemente de acordos prévios; e você será capaz de controlar um exército inteiro como se tivesse que controlar apenas um único homem.

57. Confronte seu soldado com a ação em si; nunca os deixe saber de seus planos. Quando a perspectiva é favorável, permita que eles a vejam; mas não lhes diga nada quando a situação for sombria.

58. Coloque seu exército em perigo mortal e ele sobreviverá; mergulhe-o em terríveis dificuldades e ele escapará delas em segurança.

59. Visto que é precisamente quando a força envereda por caminhos perigosos que é capaz de desferir um golpe para alcançar a vitória.

60. O sucesso em combate é obtido por meio de nossa acomodação cuidadosa aos propósitos do inimigo.

61. Ao permanecer persistentemente no flanco do inimigo, a longo prazo, poderemos obter sucesso em matar o comandante.

62. Chama-se isso de habilidade em realizar um objetivo por absoluta astúcia.

63. No dia em que assumir o comando, bloqueie as passagens nas fronteiras, destrua os cálculos oficiais e impeça a passagem de todos os emissários.

64. Seja firme na câmara do conselho, para que seja capaz de controlar a situação.

65. Se o inimigo deixar uma porta aberta, você deve lançar-se a ela.

66. Evite seu oponente, apoderando-se daquilo que lhe é valioso, e, sutilmente, manipule seu tempo de chegada ao campo de batalha.

67. Siga as regras definidas e acomode-se ao inimigo até que possa travar uma batalha decisiva.

68. Então, primeiro exiba o recato de uma donzela, até que o inimigo lhe dê abertura; em seguida, imite a rapidez de uma lebre e será muito tarde para que o inimigo se oponha.

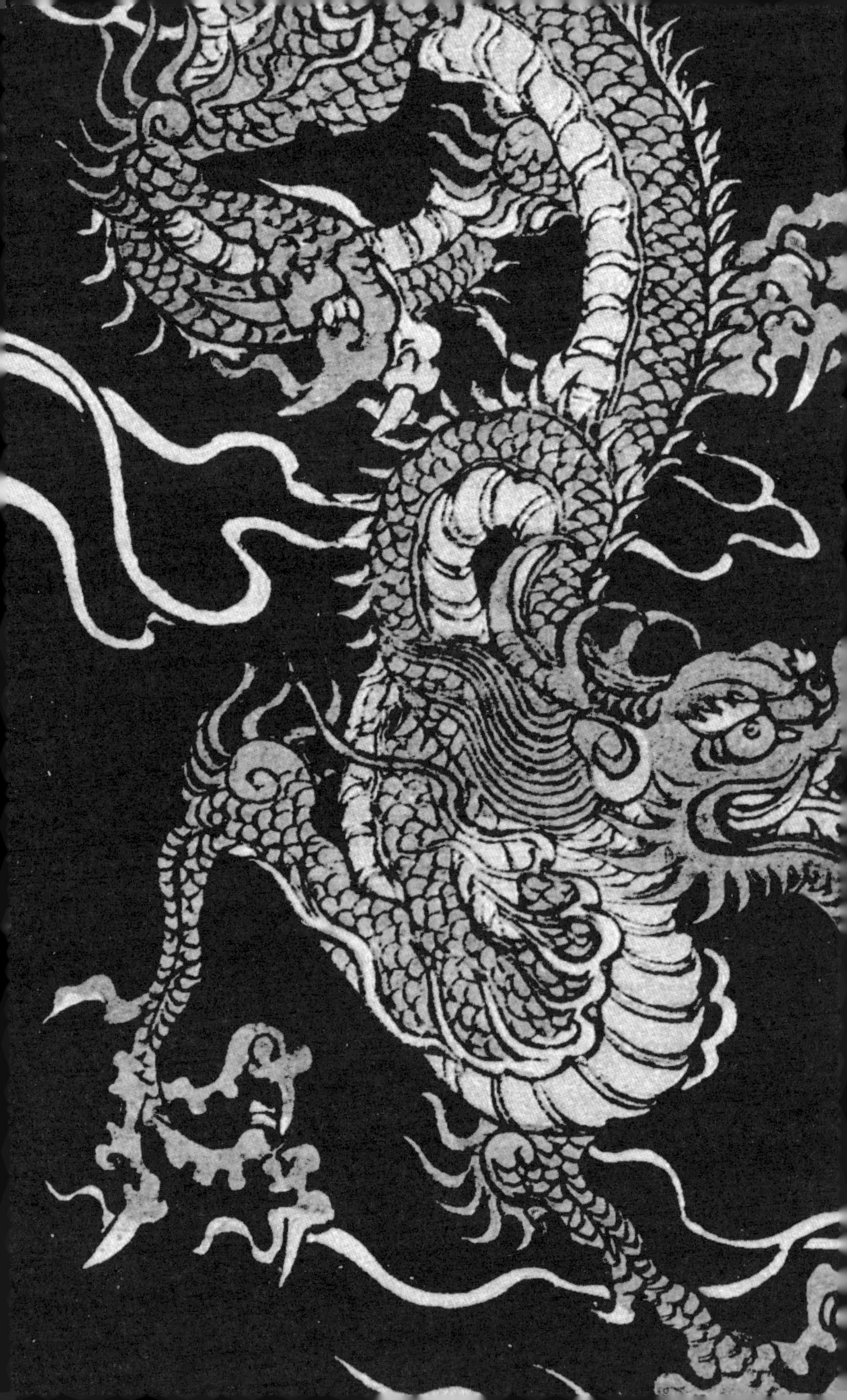

XII

O ATAQUE COM FOGO

1. Sun Tzu disse: há cinco formas de atacar com fogo. A primeira é queimar os soldados em seus acampamentos; a segunda, queimar os armazéns de alimentos; a terceira, queimar os comboios de carga; a quarta, queimar os arsenais e os depósitos de munição; a quinta, atacar lançando fogo sobre o inimigo.

2. Para proceder com um ataque, devemos ter os meios disponíveis e manter o material para acender o fogo sempre preparado.

3. Há um período correto para atacar com fogo e dias especiais para iniciar uma conflagração.

4. O período é correto quando o clima está bastante seco; os dias especiais são aqueles nos quais a Lua está na constelação de Ji, Bi, Yi ou Shì[9], visto que são os dias do vento ascendente.

5. Quando se ataca com fogo, deve-se estar preparado para cinco possíveis situações:

6.
(1) Quando irromper um incêndio dentro do acampamento inimigo, responda imediatamente com um ataque externo.

7.
(2) Se o incêndio se alastrar, mas os soldados inimigos permanecerem calmos, espere e não ataque.

8.
(3) Quando a força das chamas tiver alcançado seu auge, prossiga com um ataque se for viável; caso contrário, permaneça onde está.

9.
(4) Se existir a possibilidade de fazer um ataque com fogo de fora para dentro, não espere até que ele se alastre de dentro para fora, mas efetue seu ataque em um momento favorável.

---

9 Astronomia ancestral: Wang Xi-ming (da dinastia Tang) dividiu o céu em 31 regiões e nomeou cada uma delas. Ji, Bi, Yi e Shì são quatro constelações dessas regiões e são chamadas, em português, respectivamente, de Cesto de Despalhar, Muro, Asas e Acampamento. (N.T.)

10.
(5) Quando iniciar o fogo, esteja a barlavento deste. Não ataque de sotavento.

11. O vento que se inicia durante o dia perdura por mais tempo, mas a brisa noturna logo cede.

12. Em todos os exércitos, as cinco situações possíveis vinculadas ao fogo devem ser conhecidas, o movimento das estrelas deve ser calculado e uma vigília deve ser mantida para os dias propícios.

13. Sendo assim, aqueles que utilizam o fogo para auxiliar nos ataques demonstram inteligência; aqueles que usam a água para auxiliar nos ataques ganham um acréscimo em sua força.

14. Um inimigo pode ser interceptado por meio da água, mas não destituído de todos os seus pertences.

15. Infeliz é o destino daquele que tenta vencer suas batalhas e obter sucesso em seus ataques sem cultivar o espírito da iniciativa, visto que isso resulta na perda de tempo e na estagnação generalizada.

16. Por isso, está dito: O soberano iluminado estabelece seus planos com bastante antecipação; e o bom general desenvolve seus recursos.

17. Se não vir vantagem, não se mova; se não houver algo do qual tirar proveito, não use suas tropas; se a posição não for crítica, não lute.

18. Nenhum soberano deve colocar suas tropas em campo apenas para satisfazer seu temperamento; nenhum general deve combater apenas por ressentimento.

19. Se estiver em vantagem, avance; caso contrário, permaneça onde está.

20. Com o tempo, a raiva pode se transformar em alegria; o aborrecimento pode ser seguido da satisfação.

21. Mas um reino que foi destruído uma vez nunca mais poderá voltar a ser o que era, assim como um morto não pode ser trazido de volta à vida.

22. Assim, o soberano iluminado é prudente, e o bom general, cuidadoso. Esse é o caminho para manter um território em paz e um exército intacto.

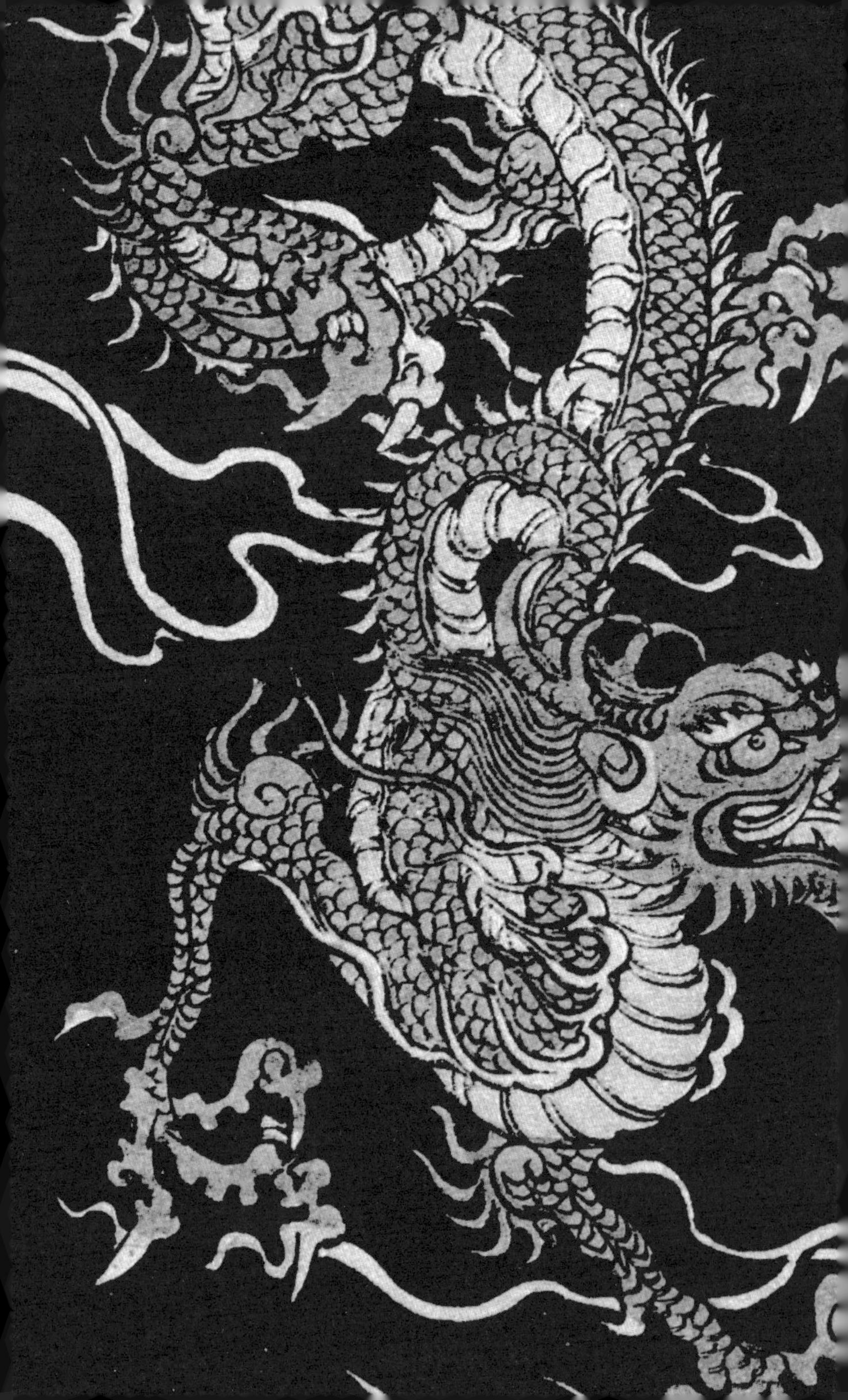

XIII

O USO DE ESPIÕES

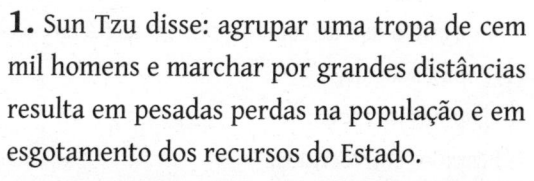

1. Sun Tzu disse: agrupar uma tropa de cem mil homens e marchar por grandes distâncias resulta em pesadas perdas na população e em esgotamento dos recursos do Estado.

O gasto diário chegará a mil onças de prata, haverá comoção em casa e fora dela, os homens cairão exaustos nas estradas e setecentas mil famílias serão impedidas de trabalhar.

2. Exércitos hostis podem passar anos lutando uns contra os outros, esforçando-se para obter uma vitória que pode ser decidida em um único dia. Portanto, permanecer na ignorância acerca das condições do inimigo apenas porque alguém reluta em despender uma centena de onças de prata é o limite da desumanidade.

3. Logo, quem age assim não é um bom líder, não ajuda o soberano nem merece a vitória.

4. Então, o que capacita o soberano hábil e o bom general a atacar, conquistar e realizar coisas além do alcance dos homens comuns é a *presciência*.

5. Essa presciência não pode ser extraída dos espíritos; não pode ser obtida por meio de experiências anteriores nem de cálculos dedutivos.

6. O conhecimento da organização do inimigo só pode ser obtido por meio de outros homens.

7. Por isso o uso de espiões, dos quais há cinco classes:
(1) Espiões locais;
(2) Espiões internos;
(3) Espiões convertidos;
(4) Espiões condenados;
(5) Espiões sobreviventes.

8. Quando todos os tipos de espiões estão atuando, ninguém consegue descobrir o sistema secreto. Isso é chamado de "manipulação divina das ações" e é o recurso mais precioso do soberano.

9. Ter *espiões locais* significa contratar os serviços dos habitantes de um distrito.

10. Ter *espiões internos* significa usar oficiais do inimigo.

11. Ter *espiões convertidos* implica prender os espiões do inimigo e empregá-los para os próprios propósitos.

12. Ter *espiões condenados* significa fazer determinadas atividades abertamente, com o propósito de iludir e permitir que esses espiões tomem conhecimento delas e as informem ao inimigo.

13. Por fim, *espiões sobreviventes* são aqueles que nos trazem de volta as informações do acampamento inimigo.

14. É por isso que ninguém, em todo o exército, deve ser tratado com tanta intimidade quanto os espiões, ninguém deve ser mais liberalmente compensado do que eles e nenhuma outra atividade deve ter os segredos mais bem preservados do que a dos espiões.

15. Não é possível que espiões sejam eficientemente empregados sem certa inteligência intuitiva.

16. Não é possível que eles sejam geridos de maneira adequada sem benevolência e franqueza.

17. Sem perspicácia, não é possível ter certeza da veracidade de seus relatórios.

18. Seja sutil! Seja sutil! E use seus espiões para todos os tipos de atividades.

19. Se um espião divulgar informações secretas antes do tempo, ele deve ser condenado à morte junto àquele para quem o segredo foi contado.

20. Independentemente de o objetivo ser esmagar um exército, invadir uma cidade, assassinar um indivíduo, é sempre necessário começar descobrindo os nomes dos criados, ajudantes de campo, porteiros e sentinelas do general em comando. Os espiões devem ser enviados para averiguar isso.

21. Os espiões do inimigo que tenham vindo nos espionar devem ser procurados, tentados com subornos, levados para longe e hospedados com todo conforto. Assim, eles se tornarão espiões convertidos e disponíveis a nossos serviços.

22. É por meio das informações trazidas pelos espiões convertidos que conseguimos descobrir e contratar espiões locais e internos.

23. Novamente, é graças às suas informações que conseguimos fazer com que os espiões condenados levem as falsas informações até o inimigo.

24. Por último, é por meio de suas informações que conseguimos usar os espiões sobreviventes em situações específicas.

25. O fim e a meta de espionar em todas as suas cinco variantes é conhecer o inimigo, e esse conhecimento só pode ser derivado, em primeira instância, por meio do espião convertido.

Portanto, é essencial que o espião convertido seja tratado com a máxima generosidade.

26. Antigamente, o surgimento da dinastia Yin foi devido a I Chih, que serviu a Hsia. Da mesma forma, o surgimento da dinastia Chou foi devido a Lu Ya, que serviu a Yin.

27. Sendo assim, apenas o soberano iluminado e o general sábio utilizarão a mais alta inteligência do exército com o propósito de espionar e, por consequência, obter grandes resultados. Os espiões são o elemento mais importante da guerra, pois deles depende a capacidade de um exército em se deslocar.

ANTIGO GUERREIRO CHINÊS ESCULPIDO EM TERRACOTA

ESTÁTUA DE SUN TZU EM YURIHAMA, TOTTORI, JAPÃO

ESTÁTUA DE SUN TZU
NA EXPOSIÇÃO DE ARMAS ANTIGAS
NO MUSEU MILITAR DA CHINA

GUERREIRO CHINÊS
DE TERRACOTA
EM POSIÇÃO DEFENSIVA

MAPA DO PERÍODO
DOS REINOS COMBATENTES
EM 260 AEC

TIGELA CHINESA DE BRONZE (JIAN)
COM INSCRIÇÕES INTERNAS
QUE REMETEM AO REI DE WU, HELÜ,
QUE, AJUDADO POR SUN TZU,
ATACOU O REINO DE CHU

INFORMAÇÕES SOBRE NOSSAS PUBLICAÇÕES
E NOSSOS ÚLTIMOS LANÇAMENTOS

editorapandorga.com.br
/editorapandorga
@pandorgaeditora
@editorapandorga